Nietzsche na Itália

Paolo D'Iorio

Nietzsche na Itália
A viagem que mudou os rumos da filosofia

Tradução:
Joana Angélica d'Avila Melo

ZAHAR

Ao meu avô
(Ischia, 1898 – Versilia, 1986)

Título original:
Le voyage de Nietzsche à Sorrente
(Genèse de la philosophie de l'esprit libre)

Tradução autorizada da primeira edição francesa, publicada em 2012
por CNRS Éditions, de Paris, França

Copyright © CNRS Éditions, 2012

Copyright da edição em língua portuguesa © 2014:
Jorge Zahar Editor Ltda.
rua Marquês de S. Vicente 99 – 1º | 22451-041 Rio de Janeiro, RJ
tel (21) 2529-4750 | fax (21) 2529-4787
editora@zahar.com.br | www.zahar.com.br

Todos os direitos reservados.
A reprodução não autorizada desta publicação, no todo
ou em parte, constitui violação de direitos autorais. (Lei 9.610/98)

Proibida a venda em Portugal

Grafia atualizada respeitando o novo
Acordo Ortográfico da Língua Portuguesa

Preparação: Mariana Oliveira | Revisão: Lucas Bandeira, Suelen Lopes
Capa: Sérgio Campante

CIP-Brasil. Catalogação na publicação
Sindicato Nacional dos Editores de Livros, RJ

D625n
D'Iorio, Paolo, 1963-
Nietzsche na Itália: a viagem que mudou os rumos da filosofia/Paolo D'Iorio; tradução Joana Angélica d'Avila Melo. – 1.ed. – Rio de Janeiro: Zahar, 2014.
il.

Tradução de: Le voyage de Nietzsche à Sorrente: Genèse de la philosophie de l'esprit libre
Inclui bibliografia
Lista de figuras
ISBN 978-85-378-1216-7

1. Nietzsche, Friedrich Wilhelm, 1844-1900 – Viagens. 2. Niilismo (Filosofia). 3. Filosofia – História. 4. Filosofia alemã. I. Título.

CDD: 193
CDU: 1(43)

14-10593

Não tenho força suficiente para o norte: lá reinam almas grosseiras e artificiais que trabalham tão assídua e necessariamente na medida da prudência quanto o castor em sua construção. E pensar que foi entre elas que passei toda a minha juventude!

Eis o que me impressionou quando pela primeira vez vi chegar o entardecer com seu vermelho e seu cinza aveludados no céu de Nápoles – como um arrepio, como por pena de mim mesmo pelo fato de haver começado minha vida sendo velho, e me vieram lágrimas e o sentimento de ter sido salvo, ainda que no último instante. Eu tenho disposição suficiente para o sul.

Friedrich Nietzsche

Sumário

Introdução: Tornar-se filósofo   9

1. **Rumo ao sul**   17
   O passaporte de um apátrida   19
   Trem noturno pelo Monte Cenis   22
   Os camelos de Pisa   33
   Nápoles: primeira revelação do sul   35

2. **"A escola dos educadores" na Villa Rubinacci**   39
   Richard Wagner em Sorrento   43
   O convento dos espíritos livres   54
   Sonhar com mortos   63

3. **Passeios pela terra das sereias**   78
   O carnaval de Nápoles   79
   Mitra em Capri   82

4. *Sorrentiner Papiere*   89
   O Rée-alismo e as combinações químicas dos átomos   95
   A lógica do sonho   102
   Um epicurista em Sorrento   105
   Música sacra sobre fundo africano   107
   O sol do conhecimento e o fundo das coisas   110
   As ilhas bem-aventuradas   111

5. Os sinos de Gênova e as epifanias nietzschianas   126
   Epifanias   137
   O valor das coisas humanas   145
   Gêneses cruzadas   154
   A redoma cerúlea da inocência   161
   O canto noturno de Zaratustra   164
   Epílogo ao sino   175

6. *Torna a Surriento*   177

Notas   183
Edições, abreviações, bibliografia   206
Lista das figuras   214

Introdução: Tornar-se filósofo

A VIAGEM A SORRENTO não é somente a primeira grande viagem de Nietzsche ao estrangeiro, a primeira grande viagem ao sul, mas também a genuína ruptura em sua vida e no desenvolvimento de sua filosofia. Ela acontece em 1876, quando Nietzsche está passando por graves sofrimentos morais e físicos. Sua saúde declinou, fortes nevralgias obrigam-no a permanecer acamado pelo menos uma vez por semana, com enxaquecas insuportáveis. É também o momento de um balanço intelectual. Agora que atingiu a idade de 32 anos, Nietzsche começa a lamentar haver aceitado muito jovem, talvez jovem demais, a cátedra de professor na Basileia, que ele ocupa há sete anos e que começa a lhe pesar. Mais grave ainda, aos poucos o fervor de seu engajamento como propagandista wagneriano vai cedendo espaço ao desencanto e à dúvida.

Quatro anos antes, o jovem professor de filologia clássica da Universidade da Basileia havia escrito um livro intitulado *O nascimento da tragédia a partir do espírito da música*, no qual, partindo de uma investigação sobre a origem da tragédia grega, propunha uma reforma da cultura alemã baseada numa metafísica da arte e no renascimento do mito trágico. Segundo essa combinação original de sólidas hipóteses filológicas com elementos extraídos da filosofia de Schopenhauer e da teoria do drama wagneriano, o mundo só pode se justificar enquanto fenômeno estético. O princípio metafísico que forma a essência do mundo, que Nietzsche chama de o "Uno-primordial" (*Ur-Eine*), é de fato eternamente sofredor, porque é formado por uma mistura de alegria e de dor originárias. Para se livrar dessa contradição interna, ele precisa criar belas representações oníricas. O mundo é o produto dessas representações artísticas anestesiantes, a invenção poética de um deus sofredor e torturado, o reflexo de uma contradição perpétua. Mesmo os seres humanos, segundo *O nascimento da tragédia*, são representações do Uno-primordial, e, quando produzem imagens artísticas tais como a tragédia grega ou o drama wagneriano, seguem e amplificam, por sua vez, o impulso onírico e salvador da natureza.[1] Essa função metafísica da atividade estética explica o lugar privilegiado que é atribuído ao artista na comunidade, na medida em que ele é o continuador das finalidades da natureza e o produtor dos mitos que favorecem igualmente a coesão social: "sem o mito, toda a cultura é desapossada de sua força natural, sã e criadora; somente um horizonte constelado de mitos circunscreve de maneira unitária o movimento inteiro de uma cultura."[2] Ante a desagregação do mundo moderno, composto de uma pluralidade de forças não harmonizadas, Nietzsche havia tentado, com esse primeiro livro, salvar a civilização colocando-a sob a redoma de vidro do mito e da metafísica e confiando-a à direção do músico dramaturgo.[3]

O festival wagneriano de Bayreuth, em agosto de 1876, deveria ter marcado o começo dessa ação cultural por uma renovação profunda da cultura alemã e pelo nascimento de uma nova civilização. Nietzsche havia depositado uma grande esperança nesse evento, mas se decepcionara, julgando-o deprimente e artificial.[4] A partir daí Nietzsche não mais acreditava na possibilidade de uma regeneração da cultura alemã por meio do mito wagneriano. Seu desejo de pôr termo à sua fase wagneriana e de retornar a si mesmo, à sua filosofia e ao seu livre-pensamento era fortíssimo: "O medo me fez considerar a precariedade do horizonte moderno da civilização. Não sem alguma vergonha, fiz o elogio da civilização sob redoma de vidro. Por fim, recobrei-me e me lancei no alto-mar do mundo."[5]

É então que sua amiga Malwida von Meysenbug lhe propõe passar um ano no sul, para se cuidar mas também para refletir, como que para tirar férias de sua própria vida. Nietzsche aceita de imediato. Graças à cumplicidade inesperada da viagem e da doença, o filósofo recomeça a pensar. A viagem o afasta das obrigações cotidianas do ensino, libera-o dos hábitos e das fraquezas de todos os dias e o livra do clima do norte. A doença o obriga ao repouso, ao *otium*, à espera e à paciência... "Mas eis justamente o que se chama pensar!..."[6] Em Sorrento, Nietzsche renega sua fase wagneriana, retoma certos saberes de sua formação filosófica e filológica e se abre ao pensamento da modernidade, à história, à ciência. No meio dos papéis de Sorrento, encontra-se um trecho muito explícito a respeito disso: "Quero expressamente declarar aos leitores de minhas obras precedentes que abandonei as posições metafísico-estéticas essencialmente dominantes ali: elas são agradáveis, mas insustentáveis."[7]

Na realidade, mesmo quando escrevia *O nascimento da tragédia*, Nietzsche estava consciente de que a fascinante visão do mundo que desenhava ali era apenas uma bela ilusão na qual nem mesmo ele acreditava muito. De fato, a primeira fase do seu pensamento é caracterizada por uma profunda cisão entre o que o jovem professor escreve publicamente e o que ele confidencia aos seus papéis ou aos seus alunos. Essa cisão só terá fim com sua viagem ao sul, no momento em que todo um fluxo de pensamentos que permanecera subterrâneo em relação à sua atividade pública finalmente virá à luz, dando a impressão de uma mudança repentina e suscitando surpresa e perplexidade até entre seus amigos mais próximos. É em Sorrento que ele escreverá a maior parte de *Coisas humanas, demasiadamente humanas*,* o livro dedicado a Voltaire que marca uma guinada em seu pensamento.[8] Graças a esse livro, Nietzsche ultrapassará a fase metafísica e wagneriana de sua filosofia; por causa dele, perderá quase todos os amigos que aderiam às ideias do movimento wagneriano: "Dentro em pouco, deverei expressar ideias *consideradas insultantes* por aquele que as alimenta; então, até meus amigos e minhas relações se tornarão tímidos e amedrontados. Preciso passar por esse braseiro também. Em seguida, pertencerei cada vez mais a mim mesmo", escreverá ele antes de partir.[9] Doze anos mais tarde, no capítulo de *Ecce homo* consagrado a *Coisas humanas, demasiadamente humanas*, Nietzsche contará da seguinte maneira essa mudança radical de estado de espírito:

> O que em mim então se decidiu não foi exatamente uma ruptura com Wagner. Tomei consciência de uma aberração geral de meu instinto, cujo erro específico – quer traga o nome de Wagner ou o da cátedra da Basileia – não passava de um sintoma. Uma verdadeira *impaciência* em relação a mim mesmo me submer-

---

* As razões filosóficas e linguísticas pelas quais traduzo *Menschliches, Allzumenschliches* por *Coisas humanas, demasiadamente humanas*, em vez do usual *Humano, demasiado humano*, são explicadas no capítulo 5, p.154-61, e na nota 44 do mesmo capítulo, p.206.

giu; vi que era hora de refletir, retornar a mim mesmo. Em um instante percebi, com extraordinária clareza, quanto tempo já fora desperdiçado – quão inútil e arbitrária se mostrava toda a minha existência de filólogo diante da minha verdadeira missão. Senti vergonha dessa *falsa* modéstia... Dez anos às minhas costas, dez anos nos quais a *alimentação* de meu espírito havia cessado completamente, nos quais eu não tinha aprendido nada de útil, nos quais havia esquecido uma quantidade absurda de coisas em troca de um amontoado de erudição empoeirada. Caminhar a passo de tartaruga entre os metricistas gregos, com meticulosidade e visão ruim – eis aonde eu tinha chegado! Com comiseração, via-me magro, esfomeado: ao que eu sabia, as *realidades* faltavam em absoluto, e as "idealidades", quem sabe para que diabos serviam! – Uma sede verdadeiramente ardente se apoderou de mim: desde então, na realidade já não me ocupei de mais nada a não ser de fisiologia, de medicina e de ciências naturais – mesmo aos verdadeiros estudos históricos só retornei quando minha *tarefa* me obrigou imperiosamente a isso. Foi então que adivinhei também pela primeira vez a correlação que existe entre uma atividade escolhida contra o instinto, uma pretensa "vocação" à qual não se é *nem um pouco* chamado, e essa necessidade de um *adormecimento* do sentimento de vazio e de fome por meio de uma arte narcótica, por exemplo, por meio da arte wagneriana.[10]

Essa primeira viagem, portanto, dá a Nietzsche a força para abandonar o ofício de professor e mudar totalmente de vida. Após sua estada em Sorrento, ele bem que tentará mais uma vez voltar a ensinar na Basileia; sofrendo, entre a vida e a morte, tentará voltar atrás, para recuperar a proteção da pequena família de Naumburg. Inutilmente... pois agora sua verdadeira vocação o chama para a solidão, para uma vida de filósofo viajante, para o sul. Em Sorrento, no grande quarto do segundo andar de sua pensão, que dá para um bosquezinho de laranjeiras e, mais ao longe, para o mar, o Vesúvio e as ilhas do golfo de Nápoles; nas tardes luminosas do outono, silenciosas e perfumadas pelo aroma das laranjas, ainda impregnadas do sol do meio-dia e do sal do mar; durante os serões de leitura em voz alta, com amigos, ou durante as excursões a Capri ou ao carnaval de Nápoles; durante passeios pelas aldeolas que se debulham ao longo de um dos mais belos golfos do mundo, nessa terra onde os antigos acreditavam escutar as sereias; durante as manhãs passadas escrevendo os primeiros aforismos de sua vida, cujos rascunhos conservam até hoje o nome de *Sorrentiner Papiere*, Nietzsche decide tornar-se filósofo.

Da varanda de seu quarto, diante de Sorrento, ele avista a ilha de Ischia. Ilha vulcânica, lugar real e imaginário que servirá ao filósofo de modelo para as "ilhas bem-aventuradas", as ilhas dos discípulos de Zaratustra. As ilhas bem-aventuradas são as do futuro, da esperança, da juventude. E é exatamente isso o que Nietzsche redescobre em meio aos tormentos de sua doença: as visões, os projetos, as promessas de sua juventude. Não como vestígios de um passado já enterrado, mas como vozes que vêm do passado para lembrar àquele que se desespera e que se enganou de estrada qual é o caminho futuro de sua vida. Ischia não é a ilha de San Michele, o cemitério da laguna de Veneza que serviu de modelo para a "ilha dos sepulcros" do *Zaratustra*: ilha silenciosa de uma cidade decadente, no meio do mar da laguna que conserva e lentamente decompõe tudo. Ischia não representa a lembrança e a nostalgia do passado, mas o lugar onde as forças vulcânicas subterrâneas perfuram o mar do esquecimento e retornam à luz do sol. Não o crepúsculo de uma civilização que morre, mas a alvorada de uma nova cultura que emerge acima de seus 3 mil anos de história.

Entre 32 e 33 anos, *in media vita*, nessa tensão entre passado e futuro, Nietzsche sonha frequentemente com sua infância, com épocas anteriores de sua vida, "com pessoas há muito tempo esquecidas ou desaparecidas". Como sinal tangível de que o tempo da infância se extinguiu, chegam-lhe então notícias da morte de seu "mestre venerado", Friedrich Ritschl, de sua avó materna e de seu velho colega Franz Gerlach, o filólogo clássico da Universidade da Basileia. A filosofia, afirmava Schopenhauer, começa por uma meditação sobre a morte. Mas no meio dos *Sorrentiner Papiere* se encontram, enigmáticas, estas palavras de Spinoza: *Homo liber de nulla re minus quam de morte cogitat et ejus sapientia non mortis sed vitae meditatio est*. O homem livre em nada pensa menos do que na morte, e seu saber não é uma meditação sobre a morte, mas sobre a vida.[11]

1. Rumo ao sul

Para reconstituir esse momento tão importante na vida de Nietzsche, será preciso recorrer aos depoimentos dos viajantes que o acompanharam ao sul. De fato, em função da saúde debilitada e do enfraquecimento da sua visão, Nietzsche escreveu pouquíssimas cartas que possam fornecer os detalhes desse período. Mas seus companheiros de viagem deixaram vários testemunhos, tornando possível apreender a atmosfera do pequeno círculo de amigos de Nietzsche e tomar conhecimento desse momento de sua vida a partir de perspectivas diferentes. E já que o filósofo, embora escreva poucas cartas, nem por isso renuncia a escrever ou a ditar seus pensamentos, poderemos acompanhar também – lendo as notas que rabisca em suas cadernetas – o diálogo interior que ele tece com os autores que lhe eram caros. Assim, nossa narração seguirá dois fios: ouvir as vozes dos que falam de Nietzsche, através de suas cartas, e escutar a voz do filósofo nas páginas de seus rascunhos.

A primeira das figuras que gravitam em torno de Nietzsche é a condessa Malwida von Meysenbug. Amiga de Richard e Cosima Wagner, de Giuseppe Mazzini, de Gabriel Monod, de Romain Rolland... Malwida se colocara, com suas *Memórias de uma idealista*, como educadora da juventude alemã e europeia: "Seus livros", escreveu Charles Andler, "brotam desse sentimentalismo morno, líquido e sem profundidade. Todos os 'idealistas' sem vigor, os descontentes que, não ousando arriscar uma verdadeira oposição, se contentavam com um vago e bem-educado impulso da alma, acorriam a ela."[1] Então com sessenta anos, Malwida pertencia ao círculo dos íntimos de Wagner e havia conhecido Nietzsche em 1872, por ocasião do lançamento da pedra fundamental do teatro de Bayreuth. Foi ainda em Bayreuth, durante o festival de 1876, que ela teve a ideia da viagem ao sul. De início havia proposto Nápoles, e por fim Sorrento como lugar ideal para reunir um pequeno círculo de amigos.[2] Perto do fim de sua longa vida, ela conta a preparação dessa viagem:

> A saúde de Nietzsche, a quem desde 1872 me uniam os vínculos de uma viva amizade, tornara-se tão precária que ele achou necessário pedir à Universidade da Basileia uma licença prolongada, a fim de descansar. Sentia-se atraído pelo sul. Parecia aquele grego sedento de beleza que essa deliciosa natureza poderia restabelecer completamente. Mas precisava ser acompanhado e cuidado, e nem sua mãe nem sua irmã podiam ir com ele. Da minha parte, já que ainda não tinha organizado minha residência definitiva em Roma, escrevi a ele para lhe propor passar o inverno comigo em Sorrento e buscar repouso, quem sabe a cura de seus males, no *dolce far niente* do sul. Ele me respondeu: "Amiga venerada, realmente não sei como agradecer o que a senhora me propõe em sua carta; mais tarde lhe direi *como* essa sua palavra foi dita em boa hora, e quanto sem essa palavra meu estado se teria agravado; hoje, anuncio-lhe apenas que *irei*." ... Eu tinha feito uma viagem prévia a Sorrento e encontrado um alojamento que convinha à pequena colônia que formaríamos, após termos sido somente dois. De fato, Nietzsche propusera a

um de seus caríssimos amigos, o dr. Paul Rée, e a um de seus alunos, o jovem basileense Brenner, que nos acompanhassem. Eu conhecia este último, que viera a Roma por questões de saúde, e, não vendo nenhum obstáculo a tal projeto, tentei hospedar todos nós na mesma casa. Consegui uma pensão desocupada, dirigida por uma alemã e situada no meio de um vinhedo; no primeiro andar, havia quartos para mim e minha camareira, com um grande salão para uso comum; do alto das varandas tinha-se uma vista magnífica, para além do primeiro plano verdejante do jardim, sobre o golfo e o Vesúvio, que estava então em plena atividade e à noite lançava colunas de fogo para o céu.[3]

O relato de Malwida, escrito vinte anos depois, é centrado em sua relação com Nietzsche, o qual se tornara, no fim do século, um dos filósofos mais conhecidos e mais citados por seus contemporâneos – é por isso que Malwida omite a informação de que, a princípio, a temporada em Sorrento havia sido organizada não para Nietzsche, mas para Albert Brenner, jovem de saúde instável, estudante da faculdade de direito na Basileia e aluno do filósofo.[4]

O passaporte de um apátrida

Nietzsche aceita então a proposta de Malwida e se prepara para a viagem. Para ir à Itália, ele precisa de um passaporte. Só que, ao se tornar docente na Universidade da Basileia, tivera de renunciar à cidadania alemã, e em 1876 a cidadania suíça, que requeria oito anos de estada ininterrupta, ainda não lhe fora concedida. Então, a cidade da Basileia entrega a ele, enquanto funcionário da universidade, um passaporte específico, uma espécie de salvo-conduto, com data de 29 de setembro de 1876 e válido por um ano. No entanto, é esse documento que o filósofo utilizará até 1889. Sob o ponto de vista jurídico, portanto, considerando-se que jamais retomará sua cidadania alemã, o viajante Nietzsche será pelo resto da vida um apátrida que circulará pela Europa com um passaporte vencido, do qual se servia unicamente para retirar dinheiro nas agências de correio.[5] Em 1881, ele escreverá: "eu não tenho passaporte, aliás não tenho nenhuma necessidade dele", "Meu velho passaporte de 1876 ainda é válido para o correio."[6] Aparentemente, naquela época de crescente nacionalismo, os sem-documentos circulavam pela Europa mais livremente do que hoje. Em todo caso, esse estatuto jurídico do filósofo apátrida nos parece particularmente apropriado àquele que iria expressar seus votos pelo advento dos bons europeus do futuro.

Com o novo passaporte no bolso, Nietzsche inicia a viagem rumo ao sul por uma parada de duas semanas, de 1º a 18 de outubro, no Hôtel du Crochet de Bex, na Suíça. Está acompanhado por um jovem filósofo, Paul Rée, que exercerá um papel importante na temporada em Sorrento e nessa fase da filosofia de Nietzsche.

> Encontro-me em Bex há oito dias e aproveito o mais belo outono em companhia de Rée, o incomparável. Mas tive de ficar novamente de cama durante um dia e meio, com as mais violentas dores (duraram do meio-dia de segunda-feira até a noite de terça, mais de trinta horas). Anteontem e ontem começaram os primeiros sintomas de um novo acesso que espero para amanhã. O lugar e a estada no hotel (onde Rée e eu nos alojamos sozinhos em um

anexo) são excepcionais. Das sete às oito horas (antes do nascer do sol), saio a passear. Faço o mesmo das quatro e meia às sete horas, após o pôr do sol; durante o dia, sento-me no terraço que fica diante dos nossos quartos. Em 18 de outubro, partida para o sul.[7]

Um ano mais tarde, em carta a Nietzsche, Rée ainda se lembrará dessa estada no pequeno anexo do Hôtel du Crochet, ritmada por passeios, repouso e leituras, e durante a qual Nietzsche havia comemorado, em 15 de outubro, seu 32º aniversário. Paul Rée verá nesse período até mesmo "a lua de mel da amizade entre eles": "Nestes tempos de agora, meus pensamentos vagueiam por Bex e não querem deixar-se expulsar de lá. Foi de algum modo a lua de mel de nossa amizade, e a pequena casa à parte, a sacada de madeira, os cachos de uva e o Sábio completam o quadro de uma situação perfeita."[8]

FIGURA 1 Paul Rée. Fotógrafo: Raffaello Ferretti, Nápoles, 1876-77

Na tranquilidade desses quinze dias em Bex, Nietzsche havia retomado suas anotações sobre a libertação do espírito que deveriam formar a base de uma quinta *Consideração extemporânea*. Ele até anuncia à irmã que o texto dessa *Consideração* já está concluído e que simplesmente lhe falta alguém a quem possa ditá-lo a fim de remetê-lo ao editor. Em 18 de outubro, os dois amigos se preparam para a viagem rumo a Gênova, onde os espera um navio para Nápoles: "Minha irmã querida, é o dia da partida, o *foehn* sopra uma brisa muito meridional. Custo a crer que no sul poderei me sentir tão bem quanto em Bex. A escolha foi excelente!"[9]

Pouco antes da partida, em resposta a um telegrama de Wagner enviado de Veneza, Nietzsche havia escrito: "Quando penso no senhor na Itália, lembro-me de que encontrou ali a inspiração para a abertura de *O ouro do Reno*. Que esse país possa sempre permanecer para o senhor como o dos inícios! ... Talvez o senhor saiba que eu também partirei para a Itália no próximo mês, para encontrar lá, parece-me, não a terra dos inícios, mas antes o fim dos meus sofrimentos."[10] Na realidade, como veremos, os sofrimentos físicos não acabarão. Mas, para Nietzsche, a viagem à Itália marcará o começo de um novo ciclo de pensamento.

Trem noturno pelo Monte Cenis

Nietzsche e Rée fazem uma primeira parada em Genebra, no Hôtel de la Poste, onde Albert Brenner vai ao encontro deles. Às nove da noite, Nietzsche e Brenner tomam o trem noturno que os deixará em Gênova na tarde de 20 de outubro, enquanto

Rée, que prolongara sua estada em Genebra, só chegará lá durante a noite. Uma vez em Gênova, Nietzsche escreve à mãe e à irmã um relatório da viagem em estilo telegráfico: "Partida ruim de Bex; em Genebra, um pouco melhor; ao meio-dia, comi no Hôtel de la Poste. Brenner chegou. Viagem à noite pelo Monte Cenis, na tarde do dia seguinte, chegada a Gênova com uma violenta dor de cabeça: imediatamente na cama, vômito, e duração desse estado por 44 horas. Hoje, domingo, melhor; no momento, de volta de uma excursão ao porto e ao mar. Magníficas cores e calma do entardecer. Amanhã (segunda-feira) partida à tardinha no navio para Nápoles, decidimos, os três amigos juntos, fazer a viagem por mar. Saudações as mais afetuosas."[11]

Nem sequer uma palavra, nesse cartão-postal, sobre um estranho encontro ocorrido na noite anterior no trem noturno entre Genebra e Gênova com a baronesa Claudine von Brevern e Isabelle von der Pahlen. No entanto, esta última ficou tão transtornada por seu encontro com Nietzsche que descreverá este momento em detalhes no seu livro de 1902 consagrado ao filósofo, evocando liricamente esse "grande desconhecido", esse "Creso do pensamento que possuía mundos a dar". Eis como Isabelle von der Pahlen conta o que ela considera uma das experiências mais extraordinárias de sua vida:

> Foi em Genebra, numa suave noite de outubro do ano da graça de 1876, que se realizou o desejo, por tanto tempo cultivado, de uma temporada na Itália. Sob a proteção de uma amiga de minha mãe, entrei numa cabine de primeira classe que nos prometia uma noite de sono reparador, pois estava vazia, com exceção de uma forma masculina imóvel em um canto. Graças ao seu confortável

travesseiro de penas, minha companheira logo entregou-se a um sono tranquilo, enquanto eu lutava por fazer meus preparativos para a noite. Meu pai, em sua terna solicitude, havia me fornecido um travesseiro pneumático que eu me esforçava em vão por inflar. Absorvida por meus pesares de amor, de repente percebo um dedo curioso que se aproxima do monstro de borracha.

Cansada de meu combate contra a matéria, renunciei aos meus esforços e disse, rindo: "Por favor, veja se o senhor pode me ajudar, se tiver mais fôlego do que eu." O grande desconhecido se apodera do invólucro flácido e se esforça inutilmente por insuflar-lhe a alma.

Desistimos, renunciamos a dormir e passamos a noite numa conversa muito animada: uma verdadeira orgia de pensamentos que deixou em minha memória uma lembrança viva e luminosa, frequentemente presente em meu espírito como uma das experiências mais singulares de minha vida.

Sobre o que conversamos durante essas horas inesquecíveis? Sobre tudo o que há entre o céu e a terra, sobre a arte e a ciência, sobre as grandiosidades e profundezas da existência, à exceção de todas as circunstâncias pessoais. Sei que estava literalmente inebriada pela força e pela novidade das ideias que surgiam em espantosa abundância dos lábios daquele que se mantinha diante de mim. Um Creso do pensamento que possuía mundos a dar, e que estava justamente na disposição de espírito para fazê-lo. ...

Meu interlocutor trazia consigo as *Máximas* de La Rochefoucauld, às quais se prenderam os primeiros fios de nossos pensamentos. Ele dedicava um apreço particular ao dom dos franceses, sobretudo de La Rochefoucauld, Vauvenargues, Condorcet, Pascal, de refinar tanto um pensamento a ponto de torná-lo capaz, em nitidez e em relevo, de rivalizar com uma medalha.

Falou igualmente da secura da matéria que, através da aplicação da forma mais difícil, atinge uma perfeição artística. Baseava essa exigência nos seguintes versos, os quais, por seu impacto, permaneceram em meus ouvidos.

Oui, l'oeuvre sort plus belle
D'une matière au travail rebelle –
Vers, marbre, onyx, émail –
Point de contraintes fausses,
Mais que pour marcher droit –
Muse, tu chausses
*Un cothurne étroit.**

(Mais tarde encontrei essa estrofe em *Esmaltes e camafeus* de Théophile Gautier – seu mote é: "O busto sobreviverá à cidade".)

Nessas palavras está contido o princípio formador de seu estilo aforístico. Mas, ao mesmo tempo, nelas se esconde a convicção do primeiro artista da linguagem ao lado de Goethe e Heine, a de que a língua alemã é uma matéria ultrasseca, semelhante à pedra e ao mineral.

Partindo de problemas sociais, meu companheiro falou de temas filosóficos e religiosos ante os quais minha humilde inteligência deve ainda assim ter dado provas de alguma compreensão, pois recordo que ele me dirigiu, do nada, esta pergunta: "Não é verdade que a senhorita também é livre-pensadora?"

Defendi-me contra essa designação que, como tradução da expressão *"Esprit fort"* [em francês no texto], forjada no último quarto do século XVIII pelos enciclopedistas, comportava uma

---

* Em tradução livre: "Sim, a obra sai mais bela/ De uma forma que ao trabalho se rebela/ Verso, mármore, ônix, esmalte/ Nada de pressões falsas,/ Mas para marchares direito/ Musa, tu calças/ Um coturno estreito." *"Cothurne"*, em francês, também tem o sentido de gênero trágico na poesia. (N.T.)

forte coloração polêmica, e acrescentei: "O que eu desejo é ser um 'espírito livre', o que eventualmente pode corresponder ao *'libre-penseur'* [em francês no texto] dos franceses." Ele anotou alguma coisa em sua caderneta, como já fizera várias vezes ao longo de nossa conversa. Lembrei-me disso mais tarde, em 1880, quando o subtítulo de *Coisas humanas, demasiadamente humanas*, "um livro para espíritos livres", me remeteu àquele momento. Considerei esse subtítulo uma dedicatória na qual eu também tinha minha parte, e apreciei a obra como um comentário grandioso, e de valor universal, sobre nossa singular conversa naquela doce noite italiana.[12]

É mais do que provável que Isabelle tenha exagerado quanto à importância de sua conversa noturna, no trem Genebra-Gênova, para a gênese de *Coisas humanas, demasiadamente humanas*, que aliás saiu em 1878, e não em 1880. Na realidade, a ideia de um livro sobre o espírito livre era bem anterior a esse encontro. Desde 1870, um dos primeiros títulos que Nietzsche tinha dado àquilo que em seguida se tornaria *O nascimento da tragédia* era *A tragédia e os espíritos livres*. Esse primeiro título demonstrava a intenção de relacionar a sabedoria eleusina do drama musical wagneriano com a liberdade de espírito do filósofo e, em perspectiva, abrir uma dimensão própria ao gênio filosófico na nova cultura de Bayreuth.[13] Mas o gênio artístico acabara ocupando toda a cena e as páginas dos cadernos e dos escritos de Nietzsche, em detrimento da liberdade do espírito filosófico. Após o festival de Bayreuth, contudo, Nietzsche retoma, e desta vez com vigor, as meditações sobre o espírito livre, inspirado, entre outras coisas, por uma releitura dos *Ensaios* de Montaigne.[14] Em particular, uma agenda de 1876 pode ser considerada a verdadeira

FIGURA 2 Isabelle von der Pahlen em 1876-77

"caderneta do espírito livre": muito provavelmente, é aquela que Isabella vê cobrir-se de anotações no trem para a Itália.

Essa caderneta contém uns vinte fragmentos que concernem diretamente "ao caminho *para* a liberdade *do espírito*" e consideram que "um homem que pensa livremente realiza por antecipação a evolução de gerações inteiras".[15] Nele afirma-se que é pelo futuro do homem que o espírito livre vive, inventando novas possibilidades de existência e pesando as antigas. Esses fragmentos dividem a humanidade em homens livres e em escravos: "Aquele que, de sua jornada, não tem dois terços para si é um escravo, seja ele o que for: homem de Estado, comerciante, funcionário, erudito."[16] Também trata da maneira de tornar a vida fácil e leve: "Todo homem tem suas *receitas* para suportar a vida (ora para deixá-la ser fácil, ora para torná-la fácil, se alguma vez ela se mostrou penosa), até mesmo o criminoso. É preciso reconstituir essa arte de viver aplicada por toda parte. Explicar o que particularmente as receitas da *religião* obtêm. Não aliviar a vida, mas levá-la com leveza. Muitos querem torná-la *difícil*, para em seguida oferecer *suas supremas receitas* (arte, ascetismo etc.)."[17] A conclusão do livro, que deveria se intitular *Das leichte Leben* ("A vida leve"), ligaria a liberdade de espírito e o amor pela verdade a uma vida tornada leve e fácil segundo o duplo sentido do adjetivo *leicht* em alemão: "Podemos viver como os deuses de vida fácil se soubermos nos deixar arrebatar verdadeiramente pela verdade", "Em conclusão: os espíritos livres são os deuses *que vivem na leveza.*"[18] Outros fragmentos indicam o efeito pretendido dessas meditações: "Objetivo: colocar o leitor numa disposição tão elástica que ele se eleve na ponta dos pés", "Livre-pensamento, contos de fadas, lascividade erguem o homem sobre a ponta dos pés."[19] O conjunto desses motivos será utilizado mais tarde para a composição dos aforismos-chave de *Coisas humanas, demasiadamente humanas*, tal como o de número 225:

> *O espírito livre, noção relativa.* Chama-se espírito livre aquele que pensa de maneira diferente da que se espera dele, em razão de sua origem, seu ambiente, seu estado e sua função, ou em razão das opiniões reinantes em sua época. Ele é a exceção, os espíritos cativos são a regra; o que estes últimos lhe criticam é que seus livres princípios ou se originam do desejo de surpreender ou até mesmo resultam em atos livres, isto é, inconciliáveis com

a moral cativa. Diz-se às vezes que, desses livres princípios, este ou aquele pode derivar de alguma extravagância e exaltação de espírito; mas só fala assim a maldade, que não acredita no que ela mesma diz, mas quer se servir disso para prejudicar; pois o espírito livre costuma trazer o testemunho da primazia e da acuidade de sua inteligência escrito na face, tão legível que os espíritos cativos o compreendem muito bem. Mas as duas outras derivações de seu livre pensamento procedem de uma intenção sincera; o fato é que muitos espíritos livres nascem também de uma ou da outra maneira. Mas isso poderia ser uma razão para que os princípios aos quais eles chegaram por esses meios sejam ainda assim mais verdadeiros e mais seguros do que os dos espíritos cativos. O que conta, no conhecimento da verdade, é que o indivíduo a *possui*, e não sob qual impulso a buscou, por qual caminho a encontrou. Se os espíritos livres têm razão, os espíritos cativos estão errados, não importa que os primeiros tenham chegado ao verdadeiro por imoralidade e que os outros tenham permanecido até hoje apegados ao falso por moralismo. – Aliás, não é da natureza do espírito livre ter visões mais justas, mas sim ter se libertado das tradições, quer com felicidade, quer com insucesso. Mas, em geral, ele terá pelo menos a verdade do seu lado, ou o espírito de busca da verdade: ele quer razões, e os outros, crenças.[20]

A diferença entre espírito livre e *esprit fort* (em francês no texto) encontra-se igualmente tematizada em uma das notas da caderneta do espírito livre para em seguida ser desenvolvida no aforismo 230 de *Coisas humanas, demasiadamente humanas*:

Esprit fort. Comparado àquele que tem a tradição de seu lado e não precisa de razões para fundamentar seus atos, o espírito livre é sempre frágil, sobretudo em seus atos; pois conhece demasiados motivos e pontos de vista, e por isso tem a mão hesitante, destreinada. Quais meios existem agora de torná-lo ainda assim *relativamente forte*, de tal modo que possa ao menos se afirmar e não se perder inutilmente? Como nasce o espírito forte? A questão, em um caso isolado, é a da produção do gênio. De onde vêm a energia, a força inflexível, a resistência com as quais o indivíduo, na contracorrente da tradição, trata de adquirir um conhecimento totalmente pessoal do mundo?[21]

Mas voltemos às páginas da jovem Isabelle. Após a íntima conversação filosófica da noite, a luz do dia banha agora o vagão dos dois viajantes, enquanto o trem se aproxima da Itália.

Um belo dia, cheio de sol, anunciou-se bem cedo. Minha acompanhante, sra. Claudine von Brevern, acordou, e a conversa, após as apresentações recíprocas, perdeu o caráter estimulante da intimidade e do incógnito.

Chegando a Gênova, seguimos para o mesmo hotel, um velho palácio perto do porto, e ali passamos alguns dias em contato estreito com o professor da Basileia, que na época ainda era desconhecido fora do círculo dos especialistas e dos wagnerianos. Mas ele só apareceu no dia seguinte. Como deduzi mais tarde de uma alusão de seu acompanhante, Paul Rée, seus nervos sensíveis certamente pagaram os excessos daquela noite exaltante. E, por causa de uma dor de cabeça, ele também teve de desistir da excursão que havíamos decidido fazer juntos à Villa Pallavicini. Isso não nos impediu de fazermos os três alguns belos passeios, entre os quais uma longa caminhada noturna pelas ruas e ruelas pitorescas de Gênova, que permaneceu como um ponto luminoso em minha memória.

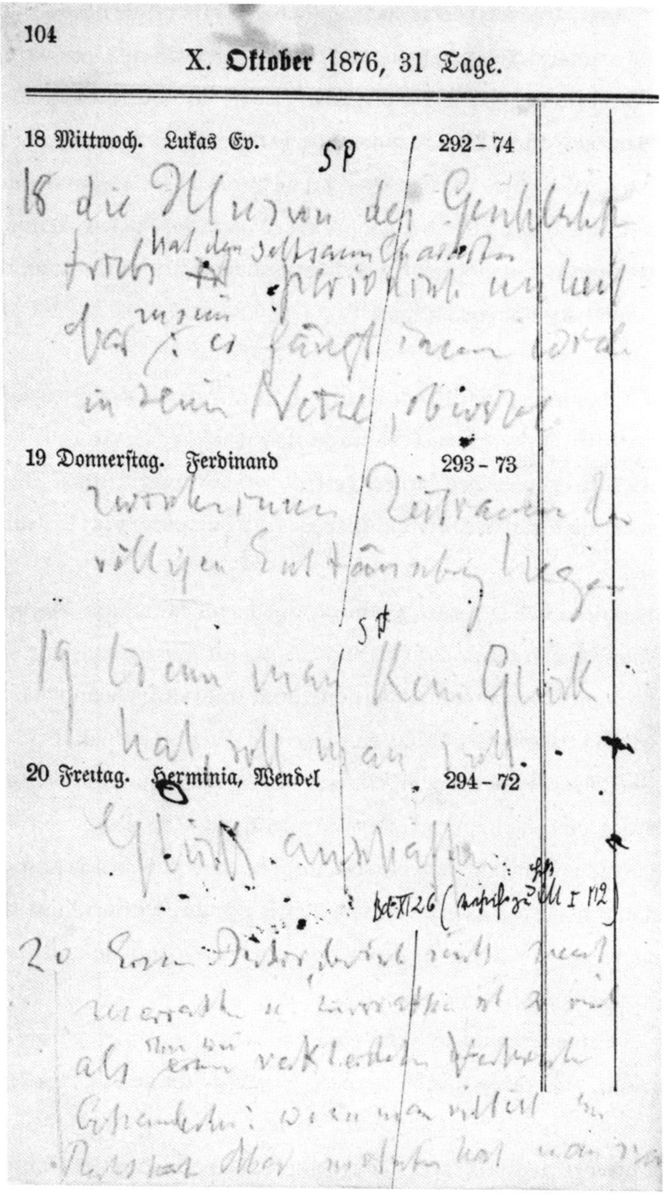

X. Oktober 1876, 31 Tage.

18 Mittwoch. Lukas Ev.   5p   292–74

19 Donnerstag. Ferdinand   293–73

20 Freitag. Herminia, Wendel   294–72

FIGURA 3 Anotações feitas por Nietzsche em sua caderneta do espírito livre, na data de sua viagem de trem para Gênova

As palavras de Nietzsche fizeram reviver diante de nossos olhos, de maneira plástica e cheia de cor, o passado de Gênova. Ele nos abriu a mente à compreensão da arte do Renascimento e do Barroco, que deixaram sua marca sobre *"Genova la superba"*, a cidade dos palácios, a antiga rival de Veneza. ... Quanto se intensificou a fruição desse lugar pitoresco quando, a partir da magia do presente, a eloquência de Nietzsche evocou as sombras dos poderosos tempos antigos![22]

Os viajantes tiveram de se despedir por carta, porque Nietzsche, vítima de um novo ataque de enxaqueca, não teve condições de comparecer ao encontro com as duas damas. Ele se desculpou em um bilhete endereçado à baronesa von Brevern:

Peço-lhe perdão, cara senhora, por haver faltado ao compromisso e não ter podido honrar minha promessa (ou, mais exatamente, meu *anseio*). Queira perdoar um semienfermo! No caminho da estação à qual eu me dirigia, acompanhado pelo dr. Rée, de repente me senti tão fraco e esgotado que fui obrigado a dar meia-volta, confuso e a contragosto, qual um exército vencido. Contudo, não posso renunciar, antes de minha partida, a expressar por escrito minha alegria por um encontro que me permitiu ver um duplo espetáculo: um *alto grau* de cultura e uma alta aspiração à cultura.

Despeço-me da senhora e da srta. von der Pahlen com a expressão de toda a minha devoção e meus votos de boa viagem.[23]

Convertida mais tarde à grafologia, Isabelle von der Pahlen reproduzirá esse bilhete em seu livro *Nietzsche au miroir de sa graphie* [Nietzsche refletido em sua grafia], como uma prova de que Nietzsche manifestava um grande domínio de seus sofrimentos físicos, e concluindo que ele era sobretudo um sábio, mais do que um filósofo intelectualista...

Os camelos de Pisa

O acaso, porém, quis que o professor e as viajantes se reencontrassem no dia seguinte, em 24 de outubro, em Pisa. De fato, aproveitando a escala do navio em Livorno, Nietzsche havia programado fazer uma breve excursão pela cidade da torre inclinada, onde as duas amigas já passeavam de carruagem. A palavra está de novo com a entusiástica Isabelle:

> Gritei de alegria quando avistei Nietzsche passeando taciturno em seu caminho: "Sozinho, professor? Oh, então venha conosco, estamos fazendo o mesmo roteiro."
> Nietzsche logo aceitou e nós três visitamos o Duomo, o batistério e o *campo santo*, com aquele humor alegre que havia invadido meus companheiros. Raramente alguém contemplou o juízo final, a obra-prima de Orcagna, em tal estado de espírito. Devo confessar honestamente que vários traços sublimes me escaparam, ao passo que as cenas grotescas, sobretudo dois diabinhos que arrastam um monge gordo para o abismo, não passaram despercebidos.
> Na qualidade de crítico da mitologia católica, Nietzsche revelou toda uma nova parte de sua personalidade, brilhantemente zombeteira e sarcástica, radiante.
> Fomos recebidos na estação pelo companheiro de viagem de Nietzsche, com quem eu ainda não havia trocado nem duas palavras; ele estava visivelmente de mau humor. Um tanto agitado,

puxou-me de lado e me expressou abertamente seu desprazer por me ver colocar Nietzsche, contrariamente aos seus esforços, num estado de excitação e de enervamento prejudicial à sua saúde. ... Eu soube então por Rée, o fiel Acates, que seu amigo tinha uma absoluta necessidade de calma e de solidão, a fim de controlar uma grave enfermidade nervosa.[24]

A intervenção de Rée, porém, não impediu o jovem professor e a jovem baronesa de continuar sua conversa. Mas logo chega o trem para Livorno, os amigos se despedem e a viagem rumo ao sul recomeça. Foi provavelmente por ocasião dessa passagem por Pisa que Nietzsche viu os camelos da propriedade de San Rossore, dos quais se lembrará três anos mais tarde, no diálogo entre a sombra e o viajante que abre o segundo tomo de *Coisas humanas, demasiadamente humanas*:

A Sombra: Já que há muito não te escuto falar, gostaria de te dar uma oportunidade de fazê-lo.

O Viajante: Alguém fala... onde? E quem? Quase tenho a impressão de ouvir a mim mesmo falando, mas com uma voz ainda mais fraca do que é a minha.

A Sombra (após um tempo): Não estás contente por ter a oportunidade de falar?

O Viajante: Por Deus e por todas as coisas nas quais não acredito, minha Sombra fala; eu a escuto, e não consigo acreditar.

A Sombra: Admitamos e não pensemos mais nisso, dentro de uma hora tudo terá passado.

O Viajante: É o que eu me dizia no dia em que, num bosque perto de Pisa, avistei primeiro dois, e depois cinco camelos.[25]

Esse dia era justamente 24 de outubro de 1876. Quanto aos camelos, estes haviam sido introduzidos em San Rossore por volta do final do século XVII pelo grão-duque Cosimo III de Medici. Familiarmente denominados "camelos", na verdade eram dromedários que foram criados no parque de San Rossore até o final dos anos 1960. O último espécime morreu em 1976, cem anos após a viagem de Nietzsche.[26]

Nápoles: primeira revelação do sul

Finalmente, à uma hora da manhã de quarta-feira, 25 de outubro, os três amigos chegam a Nápoles, onde os espera Malwida von Meysenbug, e seguem para a *Pension allemande* de Chiatamone. É a vez de o jovem aluno de Nietzsche, Albert Brenner, testemunhar as circunstâncias aventurosas do desembarque, numa carta à sua família:

> Chegamos ao porto ontem (quarta-feira) à noite, à uma hora da manhã, e fomos suficientemente insensatos para querer prosseguir a viagem até Nápoles, em vez de permanecer a bordo. Vimo-nos assim em um barco apertado, conduzido por quatro marinheiros do porto. A noite era um breu, já não se ouvia um ruído sequer, só mesmo algumas palavras incompreensíveis que de vez em quando aqueles inquietantes remadores trocavam. Comecei a imaginar o pior e apertava meu punhal sob a capa, maldizendo a elegância da cartola que ornava minha fronte e que de bom grado eu veria jazendo no fundo do mar. Acostamos em um pequeno porto muito afastado, que praticamente nenhuma luz clareava. Alguns aduaneiros, que mais pareciam novos ladrões,

apareceram e exigiram uma gorjeta. Depois os quatro remadores dividiram entre si nossas duas malas e seguiram o caminho deserto que leva ao Chiatamone, *Pension allemande*, nosso destino. Devíamos, Nietzsche, Rée e eu, vigiar nossos carregadores: eles caminhavam a uma distância de vinte ou trinta passos uns dos outros. Eu não duvidava de que estivessem pretendendo nos desorientar para nos raptar em algum casebre perdido – na verdade, senti mais curiosidade do que medo, e uma calma resignação –, mas meu manto de abas volantes, que me fazia uma silhueta de bandido, nossos olhos cavos e nosso aspecto de aves noturnas, que davam, também a nós, algo de inquietante, nos permitiram chegar sãos e salvos. A srta. von Meysenbug está aqui. Ela se empenhou muito e resolveu tudo da melhor maneira. Amanhã partiremos para Sorrento.[27]

No dia seguinte, contudo, os quatro amigos se demoram em Nápoles e conseguem tempo para fazer, pelas ruas da cidade, um grande tour de carruagem do qual Nietzsche se lembrará mais tarde. Por enquanto, é Malwida que, em uma carta à sua filha adotiva, capta a magia desse contato extasiado de Nietzsche com o sul:

Anteontem, à tardinha, percorri Posillipo de carruagem, com meus três cavalheiros; a luz estava divina, verdadeiramente feérica, o Vesúvio se coroava majestosamente de nuvens de tempestade, e dessa massa de chamas e de sombrios reflexos avermelhados se elevava um arco-íris; a cidade cintilava como se fosse talhada em ouro puro, enquanto, do outro lado, o mar se estendia em seu azul profundo; o céu, coberto de nuvens leves e brilhantes, era de um verde-azul transparente, e as ilhas magníficas se erguiam entre as vagas como num conto de fadas. O espetáculo era tão maravilhoso que os cavalheiros ficaram como que embriagados de êxtase. Eu jamais vi Nietzsche tão animado. Ele ria de alegria.[28]

Ao evocar tal episódio em suas *Memórias*, Malwida recordará "como a fisionomia de Nietzsche se iluminava de um espanto alegre, quase infantil; como ele era dominado por uma emoção profunda; por fim, explodiu em exclamações de júbilo sobre o sul, que eu saudei como um feliz presságio da eficácia de sua temporada".[29]

Como Nietzsche escrevia pouco nesse período, por causa das dores oculares, não nos restou nenhum registro de suas vivas impressões por ocasião da chegada a Nápoles, no *mezzogiorno* da Itália. Cinco anos mais tarde, porém, no outono de 1881, ele faz em uma de suas cadernetas de trabalho três breves anotações que se referem precisamente a essa primeira revelação da magia do sul, quando o pôr do sol sobre Posillipo lhe abriu bruscamente os olhos: pela primeira vez compreendeu que o norte da Europa havia esgotado toda a sua juventude, mas também que ele possuía disposição suficiente para recomeçar uma nova vida no sul.*

> "Como posso ter suportado viver até agora!", enquanto o veículo rodava por Posillipo – luz do entardecer.
>
> Posillipo e todos esses cegos cujos olhos serão abertos.
>
> Não tenho força suficiente para o norte: lá reinam almas grosseiras e artificiais que trabalham tão assídua e necessariamente na

---

* Posillipo, em grego παυσίλυπον, significa justamente "a trégua das dores".

medida da prudência quanto o castor em sua construção [*segue-se trecho riscado no manuscrito*: o norte da Europa está repleto disso]. E pensar que foi entre elas que passei toda a minha juventude! Eis o que me impressionou quando pela primeira vez vi chegar o entardecer com seu vermelho e seu cinza aveludados no céu de Nápoles [*segue-se trecho riscado no manuscrito*: você poderia ter morrido sem ter visto isso] – como um arrepio, como por pena de mim mesmo pelo fato de haver começado minha vida sendo velho, e me vieram lágrimas e o sentimento de ter sido salvo, ainda que no último instante.

Eu tenho disposição suficiente para o sul.[30]

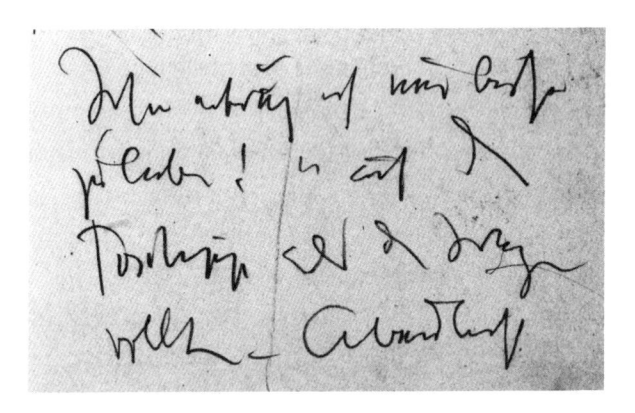

FIGURA 4 "'Como posso ter suportado viver até agora!', enquanto o veículo rodava por Posillipo – luz do entardecer." Anotações de Nietzsche. (*"'Wie ertrug ich nur bisher zu leben!' auf dem Posilipp als der Wagen rollte – Abendlich"*; caderneta N V 7, p.120.)

2. "A escola dos educadores" na Villa Rubinacci

O SUL QUE NIETZSCHE VIA pela primeira vez tomou a forma da paisagem de Sorrento, aldeia de pescadores que começava a ganhar certo apreço turístico e que havia sido o destino de viajantes ilustres. Terra natal de Tasso, por ela haviam passado Giacomo Casanova, em 1771, seguindo um de seus amores; James Cooper em 1829; John Ruskin em 1842; Alexis de Tocqueville em 1850-51; Louise Collet em 1860; Ferdinand Gregorovius em 1864; Hippolyte Taine em 1864...[1]

Alojados nos magníficos aposentos do Hotel Vittoria desde 5 de outubro, Wagner e seus familiares repousavam das fadigas e da desilusão do primeiro festival de Bayreuth. Por sua vez, o grupo formado por Malwida e sua camareira Trina, Nietzsche, Rée e Brenner chegou em 27 de outubro e se instalou numa pensãozinha, a Villa Rubinacci, um pouco fora da aldeia. Mas passemos a palavra aos viajantes, que, recém-chegados, se apressam em descrever as novas instalações às respectivas famílias. Comecemos por Malwida, que nos informa sobre a busca por uma hospedagem:

> Ficou decidido, após madura reflexão, que nos instalaríamos em Sorrento, e assim foi que levantamos acampamento ontem e chegamos aqui com um tempo radioso; seguimos imediatamente para a *Pension allemande*, Villa Rubinacci, que fica no caminho,

e que eu já notara algum tempo antes;² os cavalheiros gostaram tanto que decidiram não procurar mais adiante. De fato, o lugar é muito bonito, e proporciona a comodidade de os cavalheiros disporem inteiramente de seu espaço, e não me incomodam de maneira alguma. Os Wagner, com quem passamos o serão, ficaram aborrecidos porque não nos hospedamos numa das casas anexas ao hotel deles, que fica em pleno sol, mas isso seria mais caro e menos independente. Aqui, somos nossos próprios donos, e nossa hospedeira alemã é uma excelente criatura. Trina está em plena atividade: paparica os cavalheiros e arruma os quartos. De todos os lados abrem-se varandas. As janelas do salão dão diretamente para Nápoles, banhada de sol, minha querida Ischia e o Vesúvio. Diante da casa encontra-se uma verdadeira floresta de oliveiras e laranjeiras, que desenha um limiar de verde à margem do quadro.³

Albert Brenner, após ter lembrado, também ele, o magnífico trajeto de carruagem por Posillipo ("onde Nápoles era de fato um total milagre") e a viagem de uma hora e meia rumo a Sorrento "seguindo a rua que margeia o mar", estende sua descrição à aldeia propriamente dita:

Estamos alojados um pouco fora de Sorrento, nesta parte da cidade exclusivamente ocupada pelos jardins, as estufas e as *villas*. Todo este bairro é como um claustro. As ruas são estreitas, apertadas entre intermináveis muralhas que se elevam a duas vezes a altura de um homem e acima das quais se comprimem laranjeiras, ciprestes, figueiras, assim como cachos de uva em guirlandas, dando à faixa azul do céu a mais encantadora das molduras. Como as raras casas se encontram em sua maioria dentro de espaços fechados, tem-se a impressão de estar no meio de um labirinto. São verdadeiras trilhas de mulas.

O povoado de Sorrento fica a um quarto de hora. Bem no centro, perto da *"piazza"*, encontra-se uma ponte, que conduz a uma ravina profundamente romântica. Uma pequena marina fica lá embaixo, na cidadezinha. Parece que aqui também habitam aristocratas. Aos poucos, iremos ver tudo.

Quanto a nós, estamos numa casa denominada "Villa Rubinacci". De um lado, ela dá para o mar, as ilhas de Ischia, Nápoles e o Vesúvio. Podemos ver tudo isso durante todo o dia, quando há plena claridade. Do outro lado, vemos uma estreita trilha de mulas. Um bosquezinho de laranjeiras nos separa do mar: ao sair desse bosque, é preciso descer quase a pique, pois Sorrento está situada sobre uma falésia.

Hoje é feriado, e também o primeiro dia do outono, embora tudo ainda esteja verde e agradável e nenhum tapete de palha tenha sido estendido até agora. Escrevo a vocês com as janelas abertas. Temos duas grandes varandas, das quais o mar e as montanhas se oferecem à nossa visão. Apesar de tudo isso, a casa é não só relativa, mas absolutamente barata; não é uma *villa* elegante: por exemplo, as *villas* elegantes não têm tapetes tão bons quanto entre nós, e aliás toda casa de camponês tem chão de pedra e varandas.[4]

Desta vez Nietzsche também escreve, em 28 de outubro, à sua irmã, exaltando em poucas palavras a instalação em Sorrento:

Cá estamos afinal em Sorrento! A viagem de Bex até aqui demorou oito dias; em Gênova eu fiquei doente, e de lá levamos mais ou menos três dias para a travessia, e, note-se, conseguimos escapar ao enjoo marítimo. Aliás, prefiro essa maneira de viajar às horríveis viagens de trem. Encontramos a srta. de Meysenbug

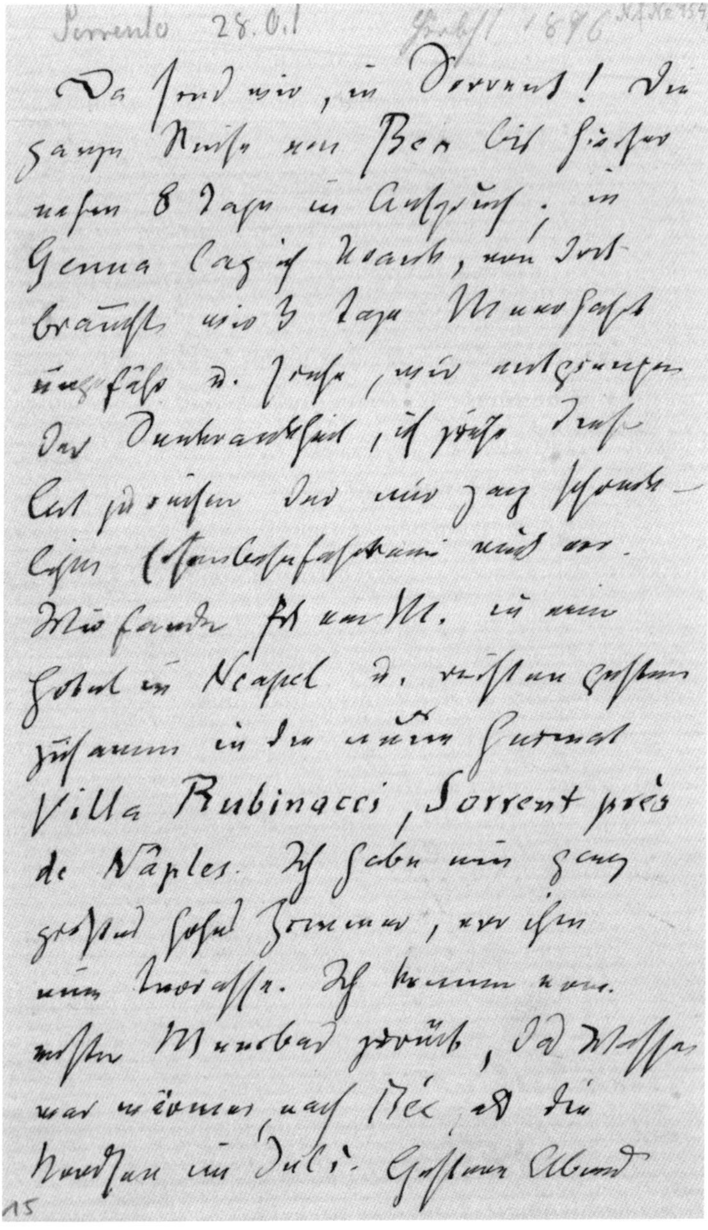

FIGURA 5 Primeira carta enviada por Nietzsche à irmã, de Sorrento

em um hotel de Nápoles e ontem partimos juntos para a nova pátria, Villa Rubinacci, Sorrento, *près de Nâples* [sic, em francês no texto]. Disponho de um quarto enorme, com teto muito alto e uma varanda. Acabo de tomar meu primeiro banho de mar. Segundo Rée, a água estava mais quente do que a do mar do norte em julho. Ontem à noite fomos ver os Wagner, que estão a cinco minutos daqui, no Hotel Vittoria, e que ainda vão ficar durante o mês de novembro.

Sorrento e Nápoles são bonitas, quem o diz não exagera. Aqui, o ar é uma mistura de ar da montanha e do mar. De fato faz bem aos olhos; diante de minha varanda, tenho primeiro, abaixo de mim, um grande jardim verde (que permanece verde mesmo no inverno); atrás, o mar muito escuro, e ao fundo o Vesúvio. Esperemos. Com todo o amor e fidelidade, seu F.[5]

Richard Wagner em Sorrento

Terminado o primeiro festival de Bayreuth, Richard e Cosima Wagner, prestes a partir para descansar no sul da Itália, continuavam pensando nesse evento artístico, por tanto tempo aguardado e preparado, e cujo alcance eles ainda não conseguiam avaliar. Em seu diário, Cosima escrevia: "9 de setembro. Partida de Mathilde Maier, a última estrangeira. Em seguida, preparamo-nos para partir. À noite, conversamos longamente sobre as representações e sobre o que aprendemos com elas. ... Figurinos, cenários, será preciso retomar tudo isso no próximo ano. Richard está tristíssimo e diz que queria morrer".[6] Após uma viagem passando por Verona, Veneza, Bolonha e Nápoles, os Wagner finalmente se instalam em Sorrento:

5 de outubro: Sorrento, Hotel Vittoria, instalamo-nos numa pequena casa próxima ao hotel, calma maravilhosa.

10 de outubro: Estamos passando uma tarde tranquila neste magnífico terraço de onde avisto os bosquezinhos de oliveiras e o mar.

14 de outubro: Cada vez mais me apego a este lugar; os caminhos entre dois altos muros sobrepujados pelas árvores, os desfiladeiros e os rochedos, as oliveiras, tudo me é familiar, e não escuto aqui nada que me desagrade. Contudo, é quase impossível dissipar as preocupações de Richard, nem que seja por alguns instantes, e isso é o suficiente para ensombrecer nosso horizonte.

26 de outubro: Maravilhosa excursão à tarde, visitamos todas as grutas entre Meta e Sorrento e pensamos em Dante e em Doré; o céu está magnífico, as ilhas se banham numa luz de ouro, o Vesúvio, com suas aldeias a sua frente, tem tons avermelhados, cinzentos, castanho-dourados, e um aspecto ameaçador. De Meta, voltamos a pé, uma longa caminhada ao luar; tudo é maravilhoso, as casas, os jardins com seus altíssimos pinheiros, esses aristocratas da raça das árvores. À noite, estamos cansados, claro, mas com uma magnífica disposição de espírito. Tenho a impressão de que aqui a vida me concede a graça de uma trégua.

A beleza do lugar e a sensação de uma trégua, porém, não conseguiram dissipar as preocupações do casal Wagner. A tristeza e as dúvidas, a consciência do grande hiato entre o sonho e sua realização, a saudade do passado e a angústia do futuro constituirão de fato o verdadeiro *Leitmotiv* da temporada deles em Sorrento. Em 18 de outubro, Cosima anota em seu diário: "Com frequência pensamos em renunciar completamente ao Festival e em desaparecer", e em 5 de novembro: "À noite, converso com Richard e tento lhe contar todo tipo de coisas exteriores à nossa vida, mas o diálogo retorna incessantemente a esses tristes assuntos. Richard conta que tudo o que ele pensou, sobretudo durante as representações, foi: 'Nunca mais, nunca mais.' Ele tivera um sobressalto, disse-me, quando o rei [Luís II da Baviera] lhe perguntou o que o inquietava, e conseguira se conter com grande dificuldade." Inclusive do ponto de vista financeiro, o festival havia sido um fracasso, e o casal Wagner pensava seriamente em pagar suas dívidas, deixar o teatro e sair de cena.

Em 15 de outubro, aniversário de Nietzsche, Cosima havia mergulhado mais uma vez na leitura da quarta *Consideração extemporânea* do filósofo: *Richard Wagner em Bayreuth*. Nesse escrito de julho de 1876, Nietzsche tinha composto um retrato do *Maestro*, dos sonhos e das utopias de sua juventude, de sua concepção da música e do papel do teatro numa sociedade profundamente renovada, e situado o conjunto de seu percurso intelectual sob o signo da fidelidade. Como demonstrou Mazzino Montinari,[7] essa *Consideração extemporânea* é um mosaico muito hábil de citações ocultas, na verdade extraídas dos escritos teóricos do músico à época de sua juventude. Ela funcionava, portanto, como um espelho mágico voltado para Bayreuth e para o próprio Wagner, e sobre o qual estava gravada a pergunta: esse festival de nobres *blasés* é verdadeiramente a expressão fiel do sonho que havia animado a vida de Richard Wagner desde seus escritos baseados em Feuerbach e nos eventos de 1848, tais como *A arte e a revolução* e *A obra de arte do futuro*? Nietzsche já não acreditava nisso e o *Maestro* o sabia. Antes do festival, o texto de Nietzsche aparecia como o manifesto de um wagnerismo regenerado; após esse evento mundano, povoado de cabeças coroadas e de nobres *blasés*, só servia para tornar ainda mais acerba a desilusão do filósofo. É significativo que Nietzsche, que em 15 de outubro ainda se encontrava em Bex, tenha comemorado seu 32º aniversário escrevendo aforismos sobre a liberdade de espírito com seu novo amigo, Paul Rée. Cada um tem a própria maneira de superar a decepção: Cosima se voltava para o passado, Nietzsche já olhava para o futuro. Quanto ao maestro Richard Wagner, este superará tal período de depressão retomando um projeto que datava de 1845 e que ele havia esboçado várias vezes ao longo dos anos seguintes, em particular num momento de viva inspiração, a Sexta-Feira Santa de 1857, durante uma excursão aos arredores do lago de Zurique: escrever um drama sacro sobre a figura de Parsifal. Longe de retornar a Feuerbach, Wagner passava da metafísica schopenhaueriana à religião cristã.

É nesse estado de espírito que Wagner e Nietzsche se encontram pela última vez em Sorrento. Enquanto isso, os Wagner tinham se mudado de seu anexo para o terceiro andar do Hotel Vittoria, e é ali que Malwida, Nietzsche e Rée os visitam ao entardecer de 27 de outubro, no mesmo dia em que chegaram. Cosima escreve no diário: "Belo dia, banho de mar com as crianças. À tarde, faço com Richard e as crianças um pequeno passeio, depois fico muito tempo com Richard, olhando o mar. Em seguida, visita de Malwida, do dr. Rée e de nosso amigo Nietzsche: este último está muito cansado e preocupadíssimo com sua saúde. Eles se instalaram em Sorrento." Após a visita, o casal Wagner ainda se demora na varanda, escrevendo e meditando diante do espetáculo do mar e dos bosquezinhos de oliveiras que rodeiam o hotel. Em uma perturbadora simultaneidade, na mesma noite da chegada de

Nietzsche a Sorrento o casal medita sobre a paixão de Jesus Cristo, como indica o diário de Cosima:

> Sexta-feira, 27 de outubro: – Luar sobre o jardim das oliveiras; pensamos em Cristo: "Pai, se quiseres, afasta de mim este cálice! Contudo, que não seja feita a minha vontade, mas a tua!" – a expressão mesma de todo o sofrimento e de toda a redenção. Quantas vezes a alma implora que esse cálice lhe seja evitado, quão difícil lhe é a submissão, quão raramente ela chega a essa submissão, mas, quando a alcança, como suas asas se desdobram, e ela paira no mais etéreo azul, onde já nada pode atingi-la!...

Na terra onde os antigos acreditavam ouvir cantarem as sereias, Nietzsche e Wagner se encontraram pela última vez, atraídos por melodias e paixões agora muito diferentes. Foi provavelmente durante esses poucos dias em que viveram um perto do outro que Wagner confessou a Nietzsche os êxtases que experimentava ao pensar no Santo Graal e na Última Ceia. Isso, para Nietzsche, foi a gota d'água... para ele que já não tinha suportado a desilusão do festival de Bayreuth e que, bem antes, havia ensaiado os primeiros passos no sentido de *seu próprio* caminho. A bela amizade e a solidariedade intelectual, a fraternidade em armas no seio do projeto de Bayreuth, pelo renascimento da civilização helênica na Alemanha graças à magia do teatro musical de Wagner, se extinguiram no Hotel Vittoria. Sem estrépito. As relações esfriaram, os caminhos deles se separaram; agora tudo estava claro, e tudo acabara. Depois o filósofo e o músico se atacaram publicamente – Nietzsche em *Coisas humanas, demasiadamente humanas*, Wagner em um artigo dos *Bayreuther Blätter* intitulado "Público e popularidade" –

mas sem se mencionarem explicitamente. Poucos dias após a morte do compositor, em fevereiro de 1883, Nietzsche revelou a Malwida von Meysenbug o que havia sentido após o festival de Bayreuth:

> A morte de Wagner me abalou terrivelmente; e, embora tenha conseguido me levantar da cama, eu ainda sinto os efeitos dela. – Creio, no entanto, que esse acontecimento, em última análise, significará um alívio para mim. Foi duro, muito duro, ter de ser durante seis anos o inimigo de uma pessoa que havia sido objeto de tal veneração e de tal amor; e também, enquanto adversário, ter de me calar, por respeito ao que esse homem merecia em sua *totalidade*. Wagner me fez uma ofensa *mortal* – quero que a senhora saiba! –, seu lento retorno rastejante ao cristianismo e à Igreja, eu o senti como um insulto pessoal a mim: toda a minha juventude e as aspirações daquela época me pareceram contaminadas pelo próprio fato de eu ter podido venerar uma mente capaz de dar *tal passo*. O fato de eu sentir isso com tanta força – me é imposto por objetivos e tarefas que calarei. *Agora*, considero esse passo como o de um Wagner que *envelhecia*; é difícil morrer na hora certa.[8]

Em 1886, nos rascunhos do prefácio à segunda edição de *Coisas humanas, demasiadamente humanas*, Nietzsche ainda retorna a esse episódio: "No que concerne a Richard Wagner, não superei a desilusão do verão de 1876: as imperfeições da obra e do homem me pareceram de repente enormes demais: eu fugi ... . O fato de que, envelhecido, ele tenha mudado, isso não me importa muito: quase todos os românticos dessa espécie acabam sob a cruz – quanto a mim, eu amava somente o Wagner que conheci, um ateu honesto e imoralista, que inventou o personagem de Siegfried, de um homem perfeitamente livre. Depois disso, ele deixou bastante claro, no refúgio modesto de seus *Bayreuther Blätter*, o quanto soubera apreciar o sangue do redentor, e – foi compreendido. Muitos alemães, muitos loucos puros e impuros de todo tipo acreditam desde então somente em Richard Wagner como em seu 'Redentor'. Tudo isso me enoja." A versão final do prefácio falará de Wagner como de um romântico desesperado que se prosterna diante da cruz cristã, vencido pelo fanatismo e pela tartufaria do idealismo romântico.[9] Nietzsche permaneceu fiel ao Wagner ateu e imoralista, revolucionário e discípulo de Feuerbach. É nesse conflito intelectual, e não nas vicissitudes de uma relação pessoal, que convém procurar a motivação de seu afastamento em relação ao *Maestro*. Em Sorrento, porém, Nietzsche não havia manifestado a dolorosa mudança interior que se produzira nele. Os únicos registros disso são os manuscritos nos quais ele prepara *Coisas humanas, demasiadamente humanas*. E mesmo nos fragmentos e nos aforismos contidos nessas folhas, as reflexões sobre o gênio, sobre a arte, sobre a metafísica permanecem bastante gerais, e na maioria das vezes a polêmica com Wagner está apenas implícita.

De 27 de outubro a 7 de novembro, os hóspedes da Villa Rubinacci e os do Hotel Vittoria provavelmente se fizeram várias visitas. Brenner nos diz que eles foram ver os Wagner umas seis vezes, e pelo diário de Cosima ficamos sabendo que fizeram várias excursões juntos. É que, no Hotel Vittoria, a companhia de Malwida era particularmente apreciada. Em contrapartida, não se apreciava muito o dr. Rée: "1º de novembro. À noite, visita do dr. Rée, cujo temperamento frio e cortante não nos agrada muito; observando mais de perto, descobrimos que ele deve ser judeu."[10] Para Cosima e Richard Wagner, tal era a explicação! Afora as brevíssimas alusões de Cosima, o único testemunho dessas jornadas se encontra nas lembranças da "idealista" Malwida von Meysenbug:

> O primeiro mês foi ainda mais embelezado pela presença de Wagner e de sua família, que haviam ido descansar na Itália das fadigas causadas pelas apresentações do verão. Eles ficavam no hotel, a poucos passos de nós, e naturalmente eu passava a maior parte do meu tempo na companhia deles, sobretudo com Cosima, por quem eu sentia uma terna afeição e uma grande estima, e cujo convívio me trazia os mais puros deleites de espírito e de coração. ... Muitas vezes nosso quarteto era convidado para o serão entre os Wagner. Contudo, nessa ocasião fiquei espantada ao perceber, na maneira de falar e na atitude de Nietzsche, uma espécie de divertimento constrangido e um esforço para ser natural; mas, considerando que ele jamais foi desagradável e nunca se opôs às relações com os Wagner, não desconfiei de que podia ter-se produzido uma mudança em sua maneira de pensar, e me abandonei de todo o coração a esse prolongamento do prazer de Bayreuth num círculo de pessoas tão excelentes.[11]

Os Wagner partiram para Nápoles e Nietzsche permaneceu com seus amigos em Sorrento, na Villa Rubinacci. Estupefato e acabrunhado, ele ria disfarçadamente das posturas religiosas do maestro, mas com um riso amargo, como dirá mais tarde: "Houve um momento em que secretamente comecei a rir de Richard Wagner: quando ele se preparou para recitar seu último papel e apareceu diante de seus queridos alemães com os

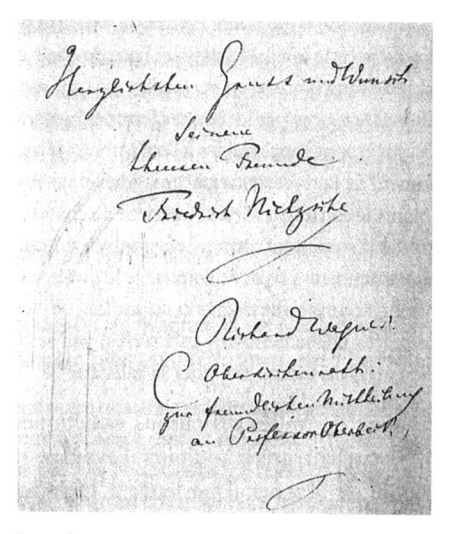

FIGURA 6 "Saudações cordiais e os melhores votos ao seu caro amigo Friedrich Nietzsche. Richard Wagner. Supremo conselheiro da Igreja: para informação amistosa do professor Overbeck." Dedicatória de Wagner a Nietzsche no exemplar do *Parsifal*. (*"Herzlichsten Gruss und Wunsch seinem theuren Freunde Friedrich Nietzsche. Richard Wagner. Oberkirchenrath: zur freundlichen Mittheilung an Professor Overbeck."*)

gestos do taumaturgo, do redentor, do profeta, e mesmo do filósofo. E, já que eu ainda não tinha cessado de amá-lo, meu riso foi amargo para mim mesmo: tal é a história de todos os que se emancipam de seus mestres e acabam encontrando seu próprio caminho."¹² Mas como encontrar seu próprio rumo, como aprender a caminhar sozinho, sem Schopenhauer e Wagner, e até mesmo contra eles? Apesar de suas más condições de saúde e de suas dores oculares, Nietzsche recomeça a escrever e percebe que chegou o momento de tornar públicas suas reflexões subterrâneas; não somente à base de alusões e por fragmentos, como havia feito antes em *O nascimento da tragédia* e nas *Considerações extemporâneas*, mas em bloco e de maneira coerente, desenvolvendo-as e completando-as pelas novas ideias que se depositavam dia após dia em seus cadernos, em parte graças ao diálogo com toda uma série de livros que ele tinha comprado ao longo dos meses precedentes e que estava lendo com Paul Rée e com o pequeno círculo de amigos da Villa Rubinacci. Essas "ideias *consideradas insultantes*" das quais falamos anteriormente[13] darão portanto o impulso de seu novo livro, *Coisas humanas, demasiadamente humanas*, que, com uma dedicatória à memória de Voltaire, inaugura sua filosofia da maturidade.

Após os dias de Sorrento, os dois homens não se reviram mais. Wagner retornou da Itália com o projeto de escrever *Parsifal*. Consagrou-se ao trabalho da escrita e, quando o texto ficou pronto, enviou-o a Nietzsche, que por sua vez acabava de concluir o manuscrito de *Coisas humanas, demasiadamente humanas*. Assim o filósofo nos conta, dez anos mais tarde, em *Ecce homo*, esse "cruzar de duas espadas":

> No momento em que por fim tive nas mãos o livro pronto – para profundo espanto do grande enfermo que eu era –, enviei dois exemplares, entre outros, a Bayreuth. Por um desses acasos incrivelmente significativos, chegou-me simultaneamente um belo exemplar do texto do *Parsifal* com esta dedicatória de Wagner para mim: "Ao seu caro amigo Friedrich Nietzsche, Richard Wagner, supremo conselheiro da Igreja." – Que os dois livros se tivessem cruzado – foi para mim como ouvir um som de mau agouro. Aquilo não se assemelhava ao ruído de duas espadas que se cruzam?... Em todo caso, tivemos ambos o mesmo sentimento: pois ambos guardamos silêncio. – Foi por essa época que começaram a aparecer os *Bayreuther Blätter*: compreendi *que* já passara da hora. – Quem diria! Wagner se tornara pio...[14]

A dedicatória de Wagner pode ser lida até hoje no exemplar do *Parsifal* que Nietzsche recebeu em 3 de janeiro de 1878. A primeira reação à leitura desse drama sacro (*Bühnenweihfestspiel*) se encontra na carta do dia seguinte a Reinhart von Seydlitz:

> Ontem recebi em casa, enviado por Wagner, o *Parsifal*. Impressões da primeira leitura: mais Liszt do que Wagner, espírito da contrarreforma; para mim, habituado demais ao espírito grego que representa o que é universal do ser humano, no *Parsifal* tudo é excessivamente cristão, demasiado limitado no tempo; a psicologia é a mais fantasista; nenhuma carne e muito, demasiado sangue (a ceia, em particular, é sangrenta demais para meu gosto), e também não gosto das mulherezinhas histéricas; muitas coisas, que são suportáveis ao olhar interno, serão insuportáveis no momento da representação: imagine nossos atores em prece, trêmulos, o pescoço torcido. Mesmo o interior do castelo do Graal não *pode* fazer efeito no palco, assim como o cisne ferido. Todos esses belos achados pertencem ao *epos* e, como eu dizia, ao olhar interno. A linguagem ressoa como uma tradução de uma língua estrangeira. Mas as situações e seu encadeamento – isso não é da mais alta poesia? Não é um extremo desafio para a música?[15]

Mas, a despeito de todas essas razões estéticas e filosóficas, Nietzsche sempre lamentou haver perdido a amizade e a simpatia de Wagner. Uma carta a Heinrich Köselitz é particularmente reveladora:

> De minha parte, sofro pavorosamente se for privado da simpatia de outrem, e, por exemplo, nada pode me consolar por ter perdido, nos últimos anos, a simpatia de Wagner. Quantas vezes

penso nele, e ele sempre me aparece como era quando estávamos juntos, em total confiança! Entre nós jamais houve uma palavra maldosa, nem mesmo em meus sonhos; em contrapartida, trocamos muitas palavras animadoras e alegres, e talvez eu jamais tenha rido tanto com alguém. Tudo isso é passado. De que serve *ter razão* sobre ele em numerosos pontos? Como se isso bastasse para apagar da memória essa simpatia perdida! Eu já vivi algo semelhante e provavelmente isso me acontecerá de novo. São os sacrifícios mais duros, impostos à minha maneira de viver e de pensar... Hoje mesmo, após uma hora passada em conversa simpática com pessoas completamente desconhecidas, toda a minha filosofia vacila, e parece-me uma grande loucura querer ter razão ao preço do amor, e não *poder comunicar* aquilo que se tem de mais precioso, para não destruir essa simpatia. *Hinc meae lacrimae*.[16]

O convento dos espíritos livres

Após a partida de Wagner, a vida na Villa Rubinacci se organizou de maneira mais regular, como explica Malwida:

> Em Sorrento nossa vida se organizou muito confortavelmente. De manhã, nunca estávamos juntos; cada um se entregava em total liberdade às suas próprias ocupações. A refeição do meio-dia era a primeira a nos reunir, e de vez em quando fazíamos juntos, à tarde, um passeio pelos arredores, entre os jardins de laranjeiras e limoeiros, tão altos quanto nossas macieiras e nossas pereiras e cujos ramos, carregados de frutos dourados, se inclinavam por cima das cercas e sombreavam o caminho; ou então

subíamos ladeiras suaves e passávamos perto de sítios de meeiros onde alegres grupos de lindas jovens dançavam a tarantela; não a tarantela ensaiada, dançada nos hotéis, para os estrangeiros, por bandos de senhoritas muito bem-trajadas, mas a dança rústica impregnada de uma graça natural e casta. Com frequência partíamos para excursões mais distantes, montados em jumentos que por ali são reservados para os caminhos montanhosos, e nessas ocasiões o divertimento jamais perdia seus direitos; o jovem Brenner, principalmente, servia de alvo a brincadeiras inocentes por causa de suas maneiras ainda meio desajeitadas e de suas longas pernas que trotavam quase com as do jumento. À noite, o jantar nos reunia de novo, e depois no salão, para leituras em comum acompanhadas de conversas animadas.[17]

Numa série de cartas à mãe e à irmã de Nietzsche, Paul Rée descreveu a vida da pequena colônia alemã em Sorrento. Vamos ler a primeira carta, escrita alguns dias após a chegada:

Senhorita!
Permito-me fazer-lhe, da parte de seu irmão, um pequeno relato sobre a Itália meridional em geral e Sorrento em particular. No que concerne à Itália meridional em geral, nela faz tanto frio quanto no norte da Alemanha, com a diferença de que, aqui, não há aquecimento nos quartos. Sorrento, em particular, é tão bonita – meu quarto dá para uns bosquezinhos de laranjeiras, atrás temos o mar azul e, do outro lado, as colinas de Nápoles – que, se eu fosse paisagista, não acabaria de descrevê-la hoje. Mas como, para sorte da senhorita, não sou pintor, vou me contentar em falar da maior curiosidade de Sorrento, a saber, seu irmão. Neste momento ele está sentado no único aposento aquecido e dita sua

Quinta Extemporânea a Brenner. Tem bom aspecto (bronzeado) e restabeleceu-se notavelmente durante os últimos oito dias ...

Eis o horário da jornada. Às sete horas da manhã, seu irmão toma leite, uma bebida que lhe cai particularmente bem. Após o chá, até o almoço. A comida é sempre simples e substanciosa, graças aos cuidados de srta. von Meysenbug, esta dama inteligente e boa como um anjo. Após o almoço, grande sesta geral; depois, uma saída em grupo. Nestes últimos tempos, seu irmão pôde passear durante horas, mesmo pela montanha, e sem dúvida essa é a principal razão pela qual foi poupado das dores de cabeça desde a última crise, breve, sem dúvida, mas ainda assim muito violenta."[18]

No meio dessa natureza do sul e do círculo feliz da pequena comunidade da Villa Rubinacci,[19] Nietzsche se sente em paz e como que reconciliado com a vida: "Nosso pequeno círculo reúne em si muita meditação, amizade, muitos projetos e esperanças, em suma, uma boa parte de bem-aventurança; sinto isso a despeito de todos os meus sofrimentos e apesar das más perspectivas quanto à minha saúde. Talvez no mundo se possa encontrar mais felicidade, mas, por enquanto, desejo a todos os homens que disponham do bom tempo como eu; então, já poderão se dizer satisfeitos."[20] O filósofo deve também ter confidenciado várias vezes aos seus amigos o que ele escrevia a essa amiga parisiense. Malwida, ao descrever essas jornadas tão agradáveis entre seus "três filhos", como os chamava, conta: "Nietzsche disse recentemente que nunca se sentiu tão bem na vida, e que provavelmente nunca mais se sentirá tão bem. De fato, ele vai bem melhor, afirmou, e começa a ter uma ideia do que é ter saúde."[21]

A organização da jornada compreende, à noite, pelo menos duas horas de leitura em grupo, no salão, perto da lareira. As cartas de Malwida nos dão uma descrição da atmosfera dos serões na pequena comunidade de Sorrento: "À noite, de volta à casa, Rée lê para nós durante uma hora antes do jantar e uma hora depois. Às nove horas vamos nos deitar. Atualmente estamos lendo *Zadig* de Voltaire e *O século de Luís XIV*, e estamos encantados. Sobretudo Nietzsche e Rée são admiradores fervorosos da antiga literatura francesa. Você me daria uma grande alegria se me enviasse as obras de Diderot, pelo menos as obras-primas: *Jean* [provavelmente *Jacques o fatalista e seu amo*] e *O sobrinho de Rameau*."²² Juntos, eles leram os antigos e os modernos, e tanto literatura quanto filosofia e história: Tucídides e Platão, Heródoto e o Novo Testamento; Goethe, Mainländer, Spir, Burckhardt, Ranke; Voltaire, Diderot, Charles de Rémusat, Michelet, Daudet; Calderón, Cervantes, Moreto, Lope de Vega; Turguêniev, as *Memórias* de Alexander Herzen; o romance *Lorenzo Benoni*, de Iacopo Ruffini etc. No final do inverno, para Malwida o balanço é bastante simples de fazer:

> Foi um dos invernos mais apaixonantes que já passei na vida. Na minha velhice, estou aprendendo como gostaria de ter aprendido sempre; Rée, com suas leituras, é simplesmente meu benfeitor; quando penso nos serões muitas vezes tão tristes do inverno passado, em que eu estava sozinha e não tinha nada para fazer, e em como agora passo cada noite intimamente e sem *gêne* [em francês no texto], em minha poltrona perto da lareira, nas esplêndidas leituras, com observações cheias de espírito, com frequência interrompidas por afetuosas gargalhadas... Não, verdadeiramente, eu já não temo senão o momento em que isto vai acabar. É um

modo singular de vida em comum este nosso, talvez único; mas se desenrola à perfeição, e nós formamos a mais unida das famílias, e que ninguém pode imaginar. Então, diga a todos os que se preocupam que eu estou felicíssima e nunca passei um inverno tão encantador."[23]

Quando estamos assim reunidos à noite, Nietzsche confortavelmente sentado na poltrona, com seus óculos sobre o nariz, o dr. Rée, nosso amável leitor, à mesa onde arde a lamparina, o jovem Brenner perto da lareira, ao meu lado, e me ajudando a descascar laranjas para o jantar, então muitas vezes eu digo brincando: "Nós representamos verdadeiramente uma família ideal; quatro pessoas que antes mal se conheciam, que não têm vínculo de parentesco nem lembranças comuns, e que agora, na mais perfeita harmonia e sem incomodar a liberdade de cada um, levam uma vida juntos, satisfatória tanto do ponto de vista intelectual quanto do conforto pessoal."[24]

Eles leem também a tradução francesa da quarta *Consideração extemporânea* e, em sinal de afeição, colhem flores campestres para enviá-las à tradutora, uma querida amiga de Nietzsche: "Aqui estão, caríssima senhora, algumas flores dos campos de Sorrento. Todos juntos, desejamos expressar-lhe nossa estima e nossa admiração, pois nestas últimas noites lemos seu livro com uma surpresa sempre renovada. Brenner colheu estas flores ao longo dos rochedos da costa, e mlle. von Meysenbug fez o arranjo."[25] Mas, sobretudo, durante os serões sorrentinos, eles leram um caderno manuscrito que continha as anotações feitas por um aluno de Nietzsche durante o curso sobre a civilização grega dado pelo célebre historiador da Basileia: Jacob Burckhardt.

Tínhamos conosco uma excelente e rica seleção de livros, porém o mais belo nessa variedade era um manuscrito de apontamentos baseados nas aulas sobre a cultura grega dadas por Jacob Burckhardt na Universidade da Basileia, feitos por um aluno de Nietzsche e trazidos para a viagem. Nietzsche fez um comentário oral sobre o assunto, e certamente jamais houve como aqui uma exposição mais magnífica e mais completa sobre essa bela época da humanidade, ao mesmo tempo por escrito e oralmente através desses dois dos maiores conhecedores da Antiguidade grega. Minha predileção por esse grandioso apogeu do espírito humano atingiu então a maior exaltação. Assim, encantou-me a definição do ser do povo grego dada por Burckhardt: "Pessimismo da concepção do mundo e otimismo do temperamento." Sem dúvida, uma excelente combinação para criar um povo perfeito.[26]

O aluno de Nietzsche era Louis Kelterborn e seu caderno de anotações permanece até hoje na biblioteca de Nietzsche, em Weimar. Na página 83, pode-se ler: "A religião e a reflexão eram pessimistas, mas o temperamento era otimista; daí uma enorme produtividade ... O povo era animado por forças elásticas, daí seu temperamento vivaz e otimista, que o incitava continuamente a novos empreendimentos. Mas sua visão da existência era totalmente pessimista."[27] "Pessimismo da inteligência e otimismo da vontade": essa frase, que até hoje aparece com frequência entre os intelectuais e os partidos da esquerda francesa e italiana, costuma ser atribuída a Antonio Gramsci, que a considerava quase como seu próprio lema e a tomara de empréstimo a Romain Rolland. O que se ignorava, em contraposição, e que Mazzino Montinari trouxe à luz pela primeira vez em 1973, é que muito provavelmente Romain Rolland a lera no trecho – "Pessimismo da concepção do mundo e otimismo do temperamento" – que acabamos de citar de sua amiga Malwida von Meysenbug. Portanto, a origem da célebre frase empregada por Gramsci deve ser buscada no comentário que Nietzsche havia feito sobre o texto de Burckhardt, durante aqueles serões de leitura em Sorrento, diante da lareira do salão da Villa Rubinacci.[28]

COM BASE NO MODELO de vida feliz e instrutiva de sua pequena comunidade, os pensionistas da Villa Rubinacci imaginaram reunir professores e amigos em torno de um projeto de escola para educar os educadores. Tratava-se de uma ideia cara a Nietzsche: *"Educar os educadores! Mas estes devem educar a si mesmos!* É para eles que eu escrevo." Para realizar esse sonho, Nietzsche gostaria de mobilizar competências muito diferentes: *"Escola dos Educadores.* Onde estão/ o médico/ o biólogo/ o economista/ o historiador da cultura/ o especialista em história da igreja/ o especialista em gregos/ o especialista em Estado." Antes de partir para a Itália, ele havia escrito ao seu novo amigo Reinhart von Seydlitz tentando atraí-lo para Sorrento: "Por que será que eu lhe conto isso? Oh, o senhor adivinha minha esperança secreta: ficaremos quase um ano em Sorrento. Depois retornarei à Basileia, a não ser que edifique em algum lugar, em *grande* estilo, o meu convento, quero dizer, 'a escola dos educadores' (na qual estes educam *a si mesmos*)."[29] Nos "papéis de Sorrento", essa ideia é reafirmada e relacionada com a imagem do espírito livre:

A *escola* dos *educadores* baseia-se na constatação de que nossos educadores não são eles mesmos educados, de que a necessidade disso se faz cada vez maior mas a qualidade cada vez mais medíocre, de que as ciências, considerando a divisão natural das esferas de atividade, não são muito capazes de impedir a barbárie individual, de que não existe areópago da civilização que leve em consideração a boa marcha intelectual de todo o gênero humano sem ter em conta os interesses nacionais: um ministério internacional da educação.

Quem desejar de fato empregar sua fortuna em espírito livre deverá fundar institutos sob o modelo dos conventos, para dar a possibilidade a pessoas que, aliás, não querem mais ter nada a ver com o mundo, de conviver amigavelmente na maior simplicidade.[30]

Malwida tinha uma visão do assunto um pouco mais sentimental, mas também mais prática, e já pensava nos locais onde instalar a nova escola:

Recebi justamente naquela época numerosíssimas cartas de senhoras e de moças, de todas as classe sociais, que por causa das minhas *Memórias de uma idealista* me manifestavam sua simpatia, como aliás foi ainda o caso nos anos seguintes, para minha grande alegria e satisfação. Esse fato alimentou a ideia que já me viera à mente e que eu tinha comunicado aos meus companheiros de viagem, a de fundar uma espécie de missão destinada a conduzir adultos dos dois sexos rumo ao livre desenvolvimento do mais nobre caminho intelectual, a fim de que em seguida eles pudessem retornar ao mundo para ali espalhar a semente de uma cultura nova e mais espiritual. A ideia encontrou a mais fervorosa acolhida entre meus companheiros. Nietzsche e Rée logo se dispuseram a participar disso como professores. Eu estava convencida de poder atrair para cá muitas alunas do sexo feminino, porque desejava consagrar uma atenção muito especial a formá-las, porquanto eram as mais nobres representantes da emancipação das mulheres, de tal modo que elas pudessem contribuir para proteger dos mal-entendidos e das deformações essa obra cultural de primeira importância e carregada de sentidos. Já procurávamos um local adequado, porque o empreendimento devia nascer na magnífica Sorrento, na deliciosa natureza, e não na estreiteza da cidade. Havíamos encontrado na praia várias grutas espaçosas, como salas no interior dos rochedos, visivelmente ampliadas pelo homem, nas quais já existia uma espécie de tribuna que parecia destinada a uma conferência. Pensávamos que elas eram perfeitamente adequadas para receber aulas nos dias quentíssimos do verão. E, em geral, o conjunto do ensino devia ser concebido sobretudo como uma aprendizagem recíproca, à maneira dos peripatéticos, e mais segundo os modelos gregos do que os modernos.[31]

Reinhart von Seydlitz, que finalmente havia ido a Sorrento, via a escola dos educadores como já realizada pela pequena comunidade dos pensionistas da Villa Rubinacci:

> Malwida von Meysenbug já dirigia, como uma venerável abadessa, o "convento dos espíritos livres", que na época, na falta de um melhor lugar, se domiciliava numa pensão local, a Villa Rubinacci. Quantos planos fizemos sob um sol suave, no leve rumor do mar de um azul púrpura...! Já havíamos escolhido o Convento dos Capuchinhos, agora desabitado e abandonado, e pretendíamos transformá-lo em uma "escola para educadores, onde eles educam a si mesmos". Manifestávamos um tal senso prático que desejávamos consagrar metade dele a um hotel, com

todas as suas dependências, de tal modo que contribuísse para dar à outra metade, idealista, sua base econômica.[32]

Levado pelo entusiasmo, Nietzsche quase acredita nisso e mobiliza sua irmã: "A 'escola dos educadores' (também chamada claustro moderno, colônia ideal, *université libre* [em francês no texto]), está no ar, quem sabe o que resultará disso! Em nossas intenções, você já está eleita para dirigir toda a administração de nosso instituto de quarenta pessoas. Antes de mais nada, você deve aprender o italiano!"[33] O Convento dos Capuchinhos permanecerá como a sede sonhada para a escola dos educadores, até o fim da temporada, que marcará também o fim do projeto.

Sonhar com mortos

Em dezembro de 1876, após dois meses de estada em Sorrento, o que Nietzsche pode observar de seu estado de saúde? Sob o ponto de vista estritamente físico, sua situação não melhorou muito: ele já não consegue nem ler nem escrever, e se sente ocioso como um turista, ou como um filósofo. Então se abandona à companhia dos amigos e sobretudo reflete, sonha, revê sua vida passada.

> Caro e fiel amigo, após um vislumbre de restabelecimento, fiquei de novo tão mal e sem trégua que já não ouso ter esperança. No entanto, as condições externas de uma cura estão todas reunidas, e um resultado *deve* vir daí, não é? Mas é necessário ter paciência. (Nietzsche a Overbeck, em 6 de dezembro de 1876).

Vários dias ruins que me levaram quase ao desespero. Agora, de novo as coisas estão um pouco melhores. O clima é muito agradável, ontem Rée tomou banho de mar. Quanto a mim, faço muitos passeios, digestão e sono sempre excelentes. (A sua família, em 7 de dezembro de 1876.)

Faço muitíssimos passeios. Renunciei completamente a qualquer atividade, até mesmo ao ditado e à discussão. Aonde isso me levará? (A sua família, em 15 de dezembro de 1876.)

Sorrento me parece feita para curar. Sinto que recuperei as forças; até o momento, nem o menor problema de estômago. No entanto, a cada semana há um dia inteiro de violenta dor de cabeça: sobre este ponto, nenhuma mudança. (A sua família, em 24 de dezembro de 1876.)

Nem mesmo aqui minha saúde quer melhorar, sofrimentos, sofrimentos! Se eu pudesse abstraí-los, minha situação aqui daria inveja aos deuses. Rée acaba de concluir um livro, Brenner escreve novelas, mlle. von Meysenbug, um romance, as pessoas leem para mim porque não posso nem ler nem escrever. (A Rohde, em 30 de dezembro de 1876.)[34]

No entanto, em 19 de dezembro de 1876, Nietzsche se obrigou a escrever uma longa e importante carta a Cosima Wagner, pelo aniversário dela.[35] Lê-se essa carta como uma espécie de balanço, já não de seu estado de saúde, mas de seu estado de espírito, como uma maneira de se despedir lentamente de uma fase de sua vida. Entre a lembrança das fases precedentes e o pressentimento ainda vago da evolução vindoura, são evocados indiretamente, de maneira acidental, vários pontos sensíveis da relação do jovem filólogo com Richard Wagner, os quais fazem pressagiar, após o esfriamento dessa relação, um novo desenvolvimento desse espírito inquieto.

Cara senhora,

Seu aniversário chegou e eu não conheço palavra com a qual possa pensar expressar o que a senhora sente neste instante. Parabéns? Votos de felicidade? – quase já nem compreendo essas palavras quando penso na senhora; quando se aprendeu a encarar a vida do alto, desaparece a diferença entre felicidade e infelicidade, e vai-se bem além dos "votos". Tudo aquilo de que sua vida depende agora devia acontecer exatamente como aconteceu e, em particular, não se pode imaginar todo o pós-Bayreuth de modo diferente de como ele se apresenta atualmente: de fato, ele corresponde perfeitamente ao pré-Bayreuth; o que antes era triste e lamentável ainda o é agora, o que era grande permaneceu grande, ou melhor, agora o é com mais forte razão. Dias como o seu, não podemos senão *celebrá-los*, e não dirigir-lhe votos de felicidade. A cada ano, a gente se torna mais silencioso e acaba por já não dizer nada de sério quanto às relações pessoais.

Por causa do meu atual modo de vida, que me é imposto pela doença, assumi uma regressão tão intensa, que praticamente os últimos oito anos desaparecem de minha mente, e nela se precipitam os períodos anteriores, nos quais, com as preocupações incessantes dos recentes anos, eu não havia mais pensado. Quase toda noite vejo-me em sonho com pessoas esquecidas há muito tempo, e mesmo com mortos. Os momentos da infância e da escola, tenho-os perfeitamente presentes; examinando os objetivos que eu me havia fixado no passado e aquilo que efetivamente alcancei, impressiono-me pelo fato de ter ido muito além das esperanças e das aspirações gerais da juventude; e, ao contrário, de tudo o que eu me propusera seriamente a fazer, não consegui até agora realizar mais do que um terço. É provável que as coisas sequer mudem no futuro. Se eu estivesse verdadeiramente bem de saúde – quem sabe se não me fixaria objetivos aventurosos? Infelizmente, sou forçado a baixar um pouco as expectativas. Para os próximos anos na Basileia, propus-me levar a termo certos trabalhos filológicos, e meu amigo Köselitz declarou-se disposto a me ajudar na qualidade de secretário, lendo para mim e escrevendo o que eu ditar (já que meus olhos estão quase perdidos). Uma vez definidos os trabalhos filológicos, espera-me algo mais difícil: a senhora ficará surpresa se eu lhe confessar uma divergência com a doutrina de Schopenhauer, que se desenvolveu pouco a pouco e da qual tomei consciência quase de repente? Não estou de acordo com ele quanto a nenhum dos princípios gerais; quando escrevia sobre Schopenhauer, eu já me dava conta de que havia superado toda a parte dogmática; para mim, o *homem* era tudo. Nesse meio-tempo, minha "razão" esteve muito ativa – mas desse modo a vida se tornou um pouco mais difícil e o fardo, mais pesado! Como será possível resistir até o fim?

Sabia que meu mestre Ritschl morreu? Recebi a notícia quase junto com a da morte de minha avó e da de Gerlach, meu colega filólogo da Basileia. Este ano mesmo, uma carta de Ritschl havia reforçado em mim a impressão comovente que eu conservava do tempo de suas primeiras relações comigo: ele me confirmava sua confiança afetuosa e sua fidelidade, embora julgasse inevitável uma tensão momentânea em nossa relação, um afastamento respeitoso. Devo a ele o único benefício importante que recebi na vida, minha cátedra de filologia na Basileia: devo-a à sua liberdade de pensamento, ao seu refinamento de espírito e à sua generosidade para com os jovens. ...

Com um respeito imutável, seu Friedrich Nietzsche
Sorrento, Villa Rubinacci
Eu ia esquecendo os cumprimentos do dr. Rée.

A primeira coisa que nos impressiona em um homem suspenso entre passado e futuro são esses sonhos em que Nietzsche é visitado por pessoas que vêm do passado ou do além-túmulo. Esse motivo reaparece quase dois anos mais tarde entre as breves anotações de uma cadernetinha intitulada *Memorabilia*. Desta vez, é acompanhado por outra imagem significativa: "Em Sorrento, removi a camada de musgo de nove anos. Sonhar com mortos."[36] Analisemos esses dois motivos, começando pelo segundo. A imagem da camada de musgo se encontra igualmente em três cartas escritas em 28 de agosto de 1877 de Rosenlauibad, onde Nietzsche, em meio aos bosques das montanhas suíças, terminou seu ano sabático:

> Agora meus pensamentos me impelem para adiante, tenho atrás de mim um ano muito rico (em resultados interiores); parece-me como se tivesse bastado retirar a velha camada de musgo da necessidade cotidiana do trabalho filológico – e por baixo tudo está verde e cheio de seiva. Penso com tristeza que agora devo abandonar todos os benefícios do meu trabalho, talvez perdendo as novas sensações e, com elas, todo o resto! Se pelo menos eu tivesse uma casinha em algum lugar... Então poderia passear todos os dias durante seis a oito horas, como faço aqui, meditando de mim para mim mesmo aquilo que em seguida, em casa, eu lançaria no papel rapidamente e com perfeita segurança – assim fazia em Sorrento, assim fiz aqui, e desse modo consegui extrair muito, feitas as contas, de um ano desagradável e sombrio.
>
> O que devo lhe contar de mim? Que todas as manhãs, duas horas antes que o sol toque as montanhas, estou caminhando, e ainda nas longas sombras da tarde e do anoitecer? Que meditei muitas coisas e que me descobri muito rico, havendo este ano fi-

nalmente me permitido remover de uma vez por todas a camada de musgo da *constrição* cotidiana a ensinar e a pensar?

Quantas ideias me ocorreram! Como me sinto rico! E agora tudo deve ser de novo amortalhado sob uma camada de musgo! Absolutamente revoltante![37]

O sentido do aparecimento dos mortos nos sonhos é explicado e ampliado no aforismo 360 da *Miscelânea de opiniões e sentenças*, o pequeno volume que Nietzsche publicou em 1879 e que representa uma espécie de apêndice a *Coisas humanas, demasiadamente humanas*:

> *Sinal de grandes mudanças.* Sonhar com pessoas esquecidas ou desaparecidas há muito tempo é sinal de que experimentamos em nós mesmos uma profunda transformação e de que o solo sobre o qual vivemos foi inteiramente revolvido [*umgegraben*]; então os mortos se levantam e nosso passado distante [*Alterthum*] se torna um novo presente [*Neuthum*].[38]

A profunda transformação que Nietzsche está vivendo, como vimos, é o distanciamento em relação ao seu passado recente: os anos na Basileia, a amizade com Wagner e toda a constelação de ideias de *O nascimento da tragédia* e das *Considerações extemporâneas* parecem-lhe, agora, muito longínquos. Essa transformação escava o fundo da alma e produz como que uma reviravolta: exuma estados de espírito anteriores e enterra os que são recentes (*umgraben*). Não por acaso, as primeiras anotações escritas por Nietzsche durante o verão de 1876, primeiro núcleo dos pensamentos de *Coisas humanas, de-*

masiadamente humanas, traziam como título *Die Pflugschar*, "A relha", aquela peça de ferro que serve para fender e revolver o rolo. Em consequência desse revolvimento, as coisas antigas voltam a ser novas e vice-versa. Nietzsche constrói um par de termos em que o primeiro, *Alterthum*, é de uso comum, ao passo que o segundo, *Neuthum*, é muito raro na língua alemã. Na obra de Nietzsche, ele só aparece duas vezes. A primeira foi no terceiro parágrafo da *Extemporânea* sobre a história (1874). Nietzsche escrevia ali que a história antiquária venera a tal ponto o passado que não ousa substituí-lo pelo presente, não ousa substituir a antiguidade (*Alterthum*) pela novidade (*Neuthum*).[39] No aforismo de *Miscelânea de opiniões e sentenças*, ao contrário, os hábitos passados não são venerados esterilmente, mas sim ressuscitados, tornam-se eles mesmos o novo presente: os mortos ressuscitam no próprio momento em que o presente é amortalhado. Em Sorrento, são as lembranças, as impressões, as aspirações de sua infância e de sua adolescência que afloram à sua consciência e visitam seus sonhos. Mas, sobretudo, são experiências intelectuais, seus primeiros contatos com a filosofia, que lhe retornam à mente. Ele se tornou professor aos 24 anos, de fato indo "muito além das esperanças e das aspirações gerais da juventude", mas agora está consciente de não ter conseguido desenvolver aquilo que verdadeiramente lhe interessava. Nove anos antes, de outubro de 1867 a março de 1868, quando cumpria seu serviço militar na artilharia montada, havia esboçado toda uma série de estudos filosóficos sobre a teleologia, "sobre o conceito de orgânico, de Kant aos nossos dias", e sobre o materialismo dos antigos e dos modernos. Assim, no final de seus estudos universitários e antes de se tornar professor, o jovem helenista havia sentido produzir-se nele uma gradativa passagem da filologia à filosofia materialista de sua época em torno da figura de Demócrito, "o único filósofo que ainda vive".[40] Ocorrida nesse preciso momento, sua nomeação para a Basileia o obrigara a abandonar tudo. Entre a Basileia e a residência de Wagner em Tribschen, ele se deixara arrastar pelo fervor wagneriano e havia concebido um estranho "centauro" – como ele mesmo o chama –, um livro sobre o nascimento da tragédia a partir do espírito da música, que lhe valera certa notoriedade, uma relação muito estreita com o *Maestro*, mas também a incompreensão de seus confrades. Claro, mesmo nesse período de trabalho e de combate, as reflexões sobre os filósofos antigos tinham conservado um lugar decisivo em sua mente, como demonstram suas aulas sobre "Os filósofos pré-platônicos", mas estavam como que amortalhadas sob "a camada de musgo" do trabalho filológico e sob o estrépito de sua atividade pública em favor da causa wagneriana.

Em suma, se Cosima quisesse lê-la atentamente, aquela carta dizia de saída: "Eu queria ser filósofo, e não professor de filologia, não propagandista wagneriano." Em seguida expressava a intenção que Nietzsche tinha de retomar num primeiro momento os trabalhos filológicos-filosóficos sobre Demócrito, para depois iniciar "algo mais difícil": uma crítica à filosofia de Schopenhauer. Nietzsche confessa a Cosima que, desde a época da terceira *Consideração extemporânea* sobre Schopenhauer (1874), já não acreditava em "toda a parte dogmática" da filosofia deste. Segundo seus cadernos, sabemos que bem antes, desde a época do serviço militar, ele

FIGURA 7 Friedrich Nietzsche em 1873

havia escrito uma refutação detalhada da filosofia de Schopenhauer: vinte páginas duras, impiedosas, que começavam pela constatação de que a tentativa schopenhaueriana de explicar o enigma do mundo a partir da noção de "vontade" havia fracassado.[41] Em 1878, ele fará uma distinção entre sua própria posição e o efeito que a metafísica de Schopenhauer estava produzindo sobre as elites da época. Elas utilizavam a metafísica de Schopenhauer como uma espécie de introdução à religião: "Todo mundo se torna devoto, deixa-se de lado o Schopenhauer em carne e osso, de espírito voltairiano, para o qual seu quarto livro não teria nenhum sentido. Minha desconfiança pelo sistema *desde o início*. Foi sua *pessoa* que para mim passou ao primeiro plano, o *tipo* do filósofo que trabalha no avanço da civilização. Já a *veneração geral*, esta, em oposição comigo, apegou-se ao que havia de *efêmero* em sua doutrina, àquilo que *não* tinha marcado sua vida. *Para mim*, a única influência durável foi o parto do filósofo – mas, por minha vez, *eu* era impedido pela superstição do *gênio*. Fechar os olhos."⁴²

A filosofia de Nietzsche foi tradicionalmente dividida em três fases, a primeira das quais compreenderia *O nascimento da tragédia* e as *Considerações extemporâneas*, a segunda os três grandes livros de aforismos – *Coisas humanas, demasiadamente humanas, Aurora* e *A gaia ciência* – e a terceira cobriria o período de *Zaratustra* até o fim da vida consciente de Nietzsche. Essa tripartição, que serve essencialmente para colocar entre parênteses a filosofia do espírito livre, minimizar a importância da fase dita "positivista" e instaurar uma continuidade entre a primeira e a terceira fases, entre *O nascimento da tragédia* e *Zaratustra* por exemplo, ou entre vontade de poder nietzschiana e vontade de viver schopenhaueriana, não se sustenta.⁴³ O próprio Nietzsche sublinha aqui a continuidade entre suas primeiras reflexões filosóficas contidas nos cadernos de juventude e a filosofia do espírito livre de *Coisas humanas, demasiadamente humanas*. Assim, na realidade é o período wagneriano que constitui uma *fase* bem distinta na evolução da filosofia de Nietzsche. A prova disso, aliás, é que, mesmo em plena fase wagneriana, permanecem nos textos de Nietzsche hesitações e fortes ambiguidades em relação ao projeto wagneriano de fundação mítica da cultura alemã, do qual o próprio Nietzsche se fizera intérprete em *O nascimento da tragédia*. Por exemplo, nas reflexões sobre os filósofos pré-platônicos, as quais se concretizam sob a forma de uma série de aulas universitárias e de um escrito sobre *A filosofia na era trágica dos gregos*, e que formam, no próprio interior da fase wagneriana, uma tensão não resolvida entre a força mítica, coesiva, da arte, e o espírito analítico e desagregador da filosofia. Seria preferível, portanto, colocar entre parênteses a fase wagneriana e instaurar uma continuidade mais forte entre as primeiras reflexões dos escritos de juventude e a filosofia do espírito livre contida em *Coisas humanas, demasiadamente humanas*. Veríamos então que a filosofia de Nietzsche não começa com a metafísica da arte de *O nascimento da tragédia*, sob a égide de Schopenhauer e ao lado de Wagner, mas com o elogio de Demócrito, um esboço de ensaio sobre a teleologia e uma crítica impiedosa à metafísica de Schopenhauer.

Cosima se inquietou bastante com essa evolução: o nome de Schopenhauer era um dos pontos fortes da amizade entre Nietzsche e Wagner. Em sua longa resposta, ela lhe pede, antes de tudo: "Eu gostaria muito de saber mais sobre sua divergência com Schopenhauer", e adiante insiste: "Verdadeiramente, muito me agradaria conhecer suas objeções ao nosso filósofo. O senhor não poderia ditar a Brenner uma carta para mim?" Em seu diário, lemos: "Bela carta do prof. Nietzsche, que no entanto anuncia estar se desligando da doutrina schopenhaueriana!..."[44] Cosima ficaria ainda mais inquieta se soubesse o que se preparava nos papéis de Sorrento, que por enquanto Nietzsche mantinha secretos, mas aos quais alude quando fala do exercício de sua razão: "Enquanto isso, minha 'razão' esteve muito ativa – mas, assim, a vida se tornou um pouco mais difícil e o fardo, mais pesado!" No entanto, Cosima havia compreendido que em seu amigo se produzia algo de novo e de alarmante. Algumas semanas mais tarde, ela escrevia a Malwida:

Creio que há em Nietzsche um fundo obscuro e produtivo do qual nem mesmo ele tem consciência; tudo o que é importante e significativo lhe vem daí, e logo em seguida o deixa aterrorizado; em contrapartida, tudo o que ele pensa e exprime, o que é trazido à luz, realmente não vale grande coisa. Em Nietzsche é essencial o elemento telúrico; o elemento solar, ao contrário, é insignificante, e, como este último se encontra em luta permanente com o elemento telúrico, ele acaba por ser preocupante e desagradável… "Os grandes pensamentos vêm do coração", diz Vauvenargues: uma frase que convém aplicar a Nietzsche, porque seus grandes pensamentos certamente não lhe vêm do cérebro… mas, então, de onde? Quem pode dizer?[45]

No capítulo de *Zaratustra* dedicado à ilha dos sepulcros, onde estão amortalhadas as visões e aparições da juventude, estranguladas muito cedo pelos inimigos de Zaratustra, encontramos um nome para essa força obscura que nada conseguiria amortalhar e que guia a alma através de suas superações:

Como eu o suportei? Como aguentei e superei tais feridas? Como minha alma pôde ressuscitar de tais sepulcros?
Sim, existe em mim algo de invulnerável, que nada poderia amortalhar, algo que faz explodirem os rochedos: isso tem por nome *minha vontade*, algo que caminha em silêncio e imutável através dos anos.
Ela quer avançar por seu próprio passo, sobre as minhas pernas, minha velha vontade; seu espírito é impassível e invulnerável.
Eu sou invulnerável somente no calcanhar. E tu, tu continuas vivendo, e permaneces igual a ti mesma, oh tu que és pacientíssima! Sempre conseguiste abrir caminho através de todos os sepulcros!

Vive ainda em ti aquilo que há de não libertado em minha juventude; e, como vida e juventude, estás sentada, cheia de esperança, sobre os escombros amarelos dos sepulcros.

Sim, ainda és para mim a demolidora de todos os sepulcros: salve, minha vontade! Só há ressurreições onde existem sepulcros.[46]

Ao lado dessa força que guia a evolução de seu espírito, outra figura e outro espírito dominam a carta de Nietzsche, os de seu "mestre venerado", o grande filólogo Friedrich Ritschl. O fato de que na carta a Cosima sejam evocadas ao mesmo tempo a "confiança afetuosa" que o mestre sentia por ele e a "tensão momentânea" na amizade entre os dois não deixa de ter um efeito suplementar de distanciamento e de crítica em relação a Wagner. E Cosima se apressa a responder quanto a esse ponto: "Bem compreendo que a morte de seu mestre o tenha afetado muito; cheia de fervor, a juventude talentosa se agarra ao mestre, acreditando que o saber é a vida, e tomando por uma encarnação de Deus aquele que lhe transmite calorosamente esse saber."[47] Na realidade, e Cosima sabia disso, Ritschl jamais tinha apreciado a paixão com a qual Nietzsche se lançara à causa wagneriana, e a tomada de posição mítica, metafísica e anti-histórica que caracterizara as "obras wagnerianas" de Nietzsche havia criado uma tensão na relação deles. Solicitado por Nietzsche a respeito de *O nascimento da tragédia*, o velho professor lhe respondera em 1872:

Em meu mais profundo ser, ... eu pertenço à orientação *histórica* e à consideração histórica das coisas humanas, com uma tal determinação que a salvação do mundo jamais me pareceu encontrar-se num ou noutro dos sistemas filosóficos, que eu não posso nunca definir como "suicida" o desflorescimento natural de uma época ou de um fenômeno; que na individualização da vida não posso reconhecer uma regressão, nem crer que essas formas e potências de vida intelectual próprias de um povo dotado de qualidades excepcionais e em certa medida privilegiadas seriam critérios absolutos para todos os povos e para todos os tempos – assim como uma só religião não satisfaz, não satisfez, não satisfará jamais as diversas individualidades nacionais. – O senhor não pode impor a um "alexandrino" e a um erudito que condenem o *conhecimento* e que vejam *somente* na arte a força que modela o mundo, que o resgata e o liberta.[48]

Dito isso, o velho professor lhe conservara sua afeição e sua confiança, como se vê na última carta que Nietzsche havia recebido dele, em 14 de janeiro de 1876, e à qual se refere na carta a Cosima: "Aos seus bons votos e aos seus sentimentos fiéis correspondem, com toda a sinceridade, os meus e os nossos. Que passemos o próximo ano também nessa disposição de espírito – tranquilamente se possível! ... – *Vale faveque* T.T. F.R."[49] Lembrando-se dessa carta, mas sem dúvida também da outra que citamos anteriormente, Nietzsche escreve à viúva, Sophie Ritschl, em resposta à comunicação que ele havia recebido em 17 de novembro:

Quantas vezes, desde a dolorosa notícia, apareceu-me a figura de meu caro grande mestre, quantas vezes percorri de novo mentalmente momentos já distantes, quando estávamos quase todos os dias um ao lado do outro, e relembrei as incontáveis provas de sua benevolência e de sua verdadeira generosidade. Alegro-me por possuir uma carta, justamente do ano passado, como precioso testemunho de sua benevolência sempre intacta e de seu afeto por mim, e por ter a certeza de que, mesmo naquilo em que não podia me dar razão, ele me dava plena liberdade e sua confiança. Eu pensava que ele veria o dia em que eu poderia lhe agradecer publicamente e prestar-lhe homenagem, como meu coração desejava fazer havia muito tempo, e sob uma forma que talvez também o agradasse. Hoje choro sobre seu túmulo e, prejudicado por uma saúde ruim, devo até mesmo deixar para um futuro indeterminado minha homenagem à sua memória.[50]

De que forma Nietzsche queria homenagear publicamente seu mestre de saber filológico e histórico? Não sabemos, mas, quando vemos que, no primeiro aforismo das *Coisas humanas, demasiadamente humanas*, a filosofia histórica é proposta contra a filosofia metafísica, e quando, no segundo, lemos que "A falta de senso histórico é o pecado original de todos os filósofos" e que "doravante o filosofar histórico é necessário, e com ele a virtude da modéstia", pensamos que o mestre não ficaria descontente com seu aluno.

3. Passeios pela terra das sereias

SE QUISÉSSEMOS INDICAR quais eram os lugares onde o filósofo Nietzsche se sentia em casa, citaríamos: Gênova, Nice, Sils Maria, talvez Veneza, a Basileia não, e de modo algum Naumburg, nem Bonn, nem Leipzig. Mas, se quiséssemos contar um período de sua vida no qual ele realmente fez uma viagem como *turista*, só haveria Sorrento. De fato, a temporada em Sorrento é a única em que Nietzsche desfrutou do estado de espírito típico do viajante, daquele que não procura estar em casa, mas deseja estar em outra parte, que aprecia a viagem, a paisagem, as belezas da natureza e da arte com olhos de turista, embora no caso de Nietzsche muitas vezes o olhar do filósofo transfigure os lugares visitados. Com seu pequeno grupo de amigos, Nietzsche visita os pontos mais sugestivos da península sorrentina: Castellammare di Stabia, Vico Equense, Meta, Massa Lubrense e Sant'Agata sui Due Golfi, assim como Nápoles, Pompeia e Capri. Mas sobretudo passeia a pé, quase todos os dias, nas colinas, nas prainhas, nos bosques de laranjeiras e oliveiras. Aqui estão alguns trechos de cartas que transmitem as impressões das pequenas excursões cotidianas:

> Caro amigo Köselitz, minhas melhores saudações, o dia está azul e quente, e durante a tarde queremos ladear de barco todas as grutas que se podem ver da costa.[1]

Na semana passada, Nietzsche e eu fizemos todas as manhãs uma caminhada de três horas, e nada menos do que até o golfo de Salerno, atravessando as altas montanhas acima de Sorrento. A paisagem por lá é completamente diferente: o sol brilha, o mar é ainda mais azul, o ar é mais suave, as casas são brancas e vermelhas, de tipo mourisco, os homens são como egípcios e "as borboletas voam nos raios do sol".[2]

Recebi no dia primeiro belas cartas de feliz Ano-novo, ao voltar de um passeio no campo, todos juntos, o dia inteiro, com um tempo magnífico e uma vista encantadora sobre o golfo; tínhamos ido visitar um dos castelos régios.[3]

Mas agora acompanhemos o quarteto em duas excursões particularmente importantes, a Nápoles e a Capri.

O carnaval de Nápoles

Em meados de fevereiro, já que Nietzsche queria uma consulta médica com um famoso oftalmologista alemão da universidade, os amigos se dirigem a Nápoles e aproveitam para visitar o museu, fazer compras e assistir ao carnaval. Malwida conta à sua filha o passeio:

> Então partimos, Nietzsche, Trina e eu. Ontem, Rée e Brenner nos tinham precedido, Nietzsche não estava bem e achava que não poderia ir. Esta manhã, porém, ele se sentia melhor e, como pretende consultar um médico, tomamos a estrada. O céu estava escuro, mas acabou clareando. Quando chegamos, Rée e Brenner tinham saído; então pegamos um veículo e partimos, com nossa

máscara de ferro, rumo à *via* Toledo, no meio do tumulto. Meu Deus, quanta coisa nos jogaram! Uma saraivada de *coriandoli*,* de modo que em um segundo estávamos completamente brancos e o carro, cheio deles. Havia uma circulação fantástica, belos carros com mascarados, muito mais bonitos do que em Roma. Nietzsche se divertiu muito, para minha grande surpresa.[4]

No meio do carnaval, numa rua lateral, um cortejo fúnebre avança lentamente, com seu triste fardo e sua triste escolta. Caderneta na mão, o filósofo fixa em poucas palavras o contraste *e* a semelhança entre o cortejo dos mascarados cobertos de confetes e o dos aflitos murmurando preces: "Um cortejo fúnebre em pleno carnaval terá algum dia um caráter histórico, tal como agora os outros carros."[5] Mais tarde, ao transcrever essa primeira anotação tomada numa rua de Nápoles, ele transfigurará a imagem que, situada numa perspectiva histórica, é encarregada de significar a progressiva libertação da humanidade ante o sombrio ritual católico: carnaval da história, cortejo fúnebre da liturgia.

> Assim como velhas cerimônias religiosas, de início carregadas de sentido, acabam por não ser mais do que os vestígios incompreendidos de uma superstição, de igual modo a história em geral, se já não sobreviver senão à maneira de um hábito, parecerá um absurdo mágico ou um travestimento carnavalesco. O sol que teria descido para aureolar o papa quando da proclamação da infalibilidade, a pomba que as pessoas teriam visto voar nesse momento, agora nos parecem pequenas astúcias escabrosas que só visam a iludir; mas a velha civilização está cheia delas, ainda

---

* Confetes. (N.T.)

Passeios pela terra das sereias　　　　　　　　　　　　　　　81

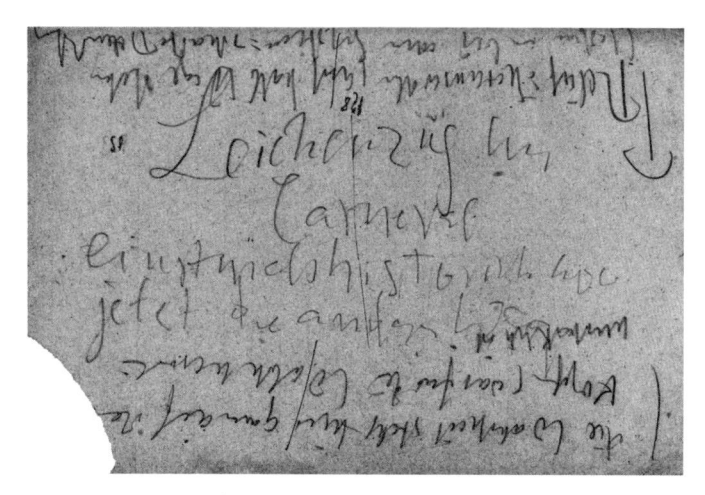

FIGURA 8 "Cortejo fúnebre no carnaval." Anotações de Nietzsche.
(*"Leichenzug in Carneval"*, caderneta N II 3, p.47.)

não distingue onde começa a ilusão. Em Nápoles, por estes dias, um pomposo enterro católico avançava com seu cortejo numa das ruelas laterais, enquanto, ali bem perto, desencadeava-se o carnaval, com todos os seus carros sarapintados imitando os trajes e a pompa das civilizações de outrora. Mas esse cortejo fúnebre será também algum dia o mesmo cortejo carnavalesco da história; resta apenas a casca sarapintada que diverte, o miolo desapareceu, ou então esconde-se ali um desígnio de impostura, como nas torres de que se servem os padres para despertar a fé.[6]

Após a consulta ao dr. Schrön, a excursão a Nápoles termina pela visita ao museu relatada por Malwida:

Nietzsche sentiu uma grande alegria ao ver essas coisas magníficas e diz que em nenhum lugar do mundo se pode estudar a antiguidade *grega* como nesse museu. Pois precisamente o sul da Itália era cheio de colônias gregas e se chamava a Grande Grécia, e Pompeia e Herculano estão cheias de vestígios da cultura grega. Em seguida descemos em direção ao mar, em S. Lucia, e almoçamos ao ar livre ostras fresquíssimas, acompanhadas de um pouco de *Asti spumante*. ... Depois atravessamos Posillipo de carruagem e pudemos contemplar a magnífica luz do pôr do sol sobre o golfo, as montanhas e a cidade. Nietzsche afirmou que não lhe ocorria nenhuma outra música afora o Benedictus da grande missa de Beethoven para se adequar a um tal espetáculo. ... Para Nietzsche, o trajeto de volta foi acompanhado de terríveis dores, e até hoje ele está abatido e melancólico, porque o médico lhe anunciou uma inquietante alternativa: ou a dor cessa imediatamente, ou então poderia produzir-se um enfraquecimento quase total da atividade cerebral. Seus olhos já estão enfraquecidos a tal ponto que seu futuro de filólogo parece quase completamente comprometido.[7]

Mitra em Capri

Após uma excursão a Pompeia, no início de março, na manhã do dia 22 os quatro amigos tomam a embarcação para Capri. Escreve Malwida à sua filha:

Ontem de manhã, com tempo bom, deixamos Sorrento *en vapore*, funciona diariamente, exceto com tempo ruim. Na partida, quando a embarcação começou a jogar um pouco, Nietzsche se sentiu mal e se retirou para a cabine, enquanto Rée e eu permanecemos conversando na coberta, para meu grande prazer

(Brenner não veio conosco, não quis). O barco parou primeiro na Gruta Azul, onde botes esperam os estrangeiros para levá-los a um passeio pelo interior. Entramos num desses botes para conhecê-la logo. Mas o mar estava agitado e o bote, ao passar pela estreita abertura, enfrentou uma grande vaga que se lançava contra nós. Ficamos completamente encharcados, situação, você pode imaginar, pouco agradável, e com isso uma multidão de botes ficou presa lá dentro, de todos os lados gritos eram amplificados e reverberados pelo eco. Saímos bem depressa, de modo que o prazer foi estragado. Em Capri, encontramos os hotéis lotados. Somente um, novo, situado bem no alto, pôde nos conseguir três quartos. Após o *lunch*, partimos em lombo de jumento até o Salto de Tiberio. Lá em cima era divino! Oh, como pensei em nossos jantares e nos belos momentos que passamos ali! A viúva de nosso *restaurateur* ainda está lá, o velho corso morreu, e o padrezinho, seu filho único, agora é cônego em Sorrento. Bebemos lá um excelente vinho de Capri e apusemos nossas assinaturas no livro dos estrangeiros: "Donna Malwida Cosmopolita; Don Paolo (Rée) *idem*; Don Federigo, *uomo dell'avvenire!*" Depois subimos até o eremita, sempre o mesmo há dezessete anos. Ele me contou que esteve em Roma em janeiro, em peregrinação para encontrar o papa. A vista dos dois golfos, lá embaixo, era esplêndida. Lindas jovens dançaram para nós a tarantela. Descemos de volta para o jantar, após o qual Nietzsche improvisou ao piano, por sorte havia um lá. Infelizmente, o tempo fechou. Chuva e tempestade. A noite foi ruim, eu mal dormi, tive dor de cabeça, e Nietzsche também. Hoje de manhã, não sabíamos o que fazer. Como o mar estava muito agitado, o *vapore* não chegava, e não era o caso de pensar em um barquinho. Felizmente, mais tarde o tempo abriu e partimos para Anacapri, pela bela estrada nova que eles abriram, os antigos degraus não existem mais. Agora há dois veículos. Lá em cima, passamos um momento dos mais agradáveis. Almoçamos e vimos jovens encantadoras. Em seguida, fomos ver o cemitério da igreja, onde visitei o túmulo, comovente e poético, da boa Sophie Rommel. Depois repousamos e decidimos passar a noite em Capri, porque o mar estava muito ruim. Fomos ao *arco naturale*, do qual você talvez se lembre. Os cavalheiros estavam encantados. O lugar é realmente lindíssimo, e no entanto não está em sua plena beleza, pois os vinhedos ainda não estão verdes e o azul do céu e do mar ainda não é absolutamente puro. Gostaríamos de percorrer a ilha à luz da lua, mas o tempo está muito frio e a lua, não completamente descoberta. Se as flores que colhemos nos campos chegarem suficientemente frescas a Sorrento, eu as mandarei para você. Esperamos poder retornar a Sorrento amanhã, portanto envio imediatamente esta carta.[8]

Dessa estada, além da beleza da paisagem, Malwida levará o encantamento que sentiu no serão em que Nietzsche improvisou ao piano: "No inverno que passei com ele em Sorrento, fomos com o dr. Rée passar alguns dias na ilha encantada, naquela época ainda não completamente corrompida pelo turismo. Uma noite Nietzsche tocou de maneira verdadeiramente magnífica, sobretudo improvisando, entusiasmado com todas as belezas que havíamos visto durante o dia. Ele estava particularmente emocionado e conseguiu tirar do instrumento melodias maravilhosas."[9]

À diferença de Malwida, em suas cartas Nietzsche quase não fala dessa excursão a Capri. À mãe, escreve laconicamente, em 26 de março: "Fomos a Capri, mas sem muita sorte; passei um dia doente, como em toda viagem curta."[10] Mas há um lugar de Capri que deve ter impressionado vivamente sua memória: a *"grotta del Matrimonio"*, também chamada *"grotta di Matromania"* ou de *"Mitromania"*. O longo depoimento de Malwida não nos diz se naquele entardecer de 23 de março de 1877 os três amigos visitaram essa gruta, mas esta se encontrava justamente no caminho que eles percorreram, perto do *arco naturale*. Cerca de um ano depois, durante o verão de 1878, Nietzsche escreve, num dos raríssimos cadernos que contêm anotações autobiográficas, estas frases lacônicas e enigmáticas, sob o título de *Memorabilia*:

> Mitromania. – Esperar o surgimento do primeiro raio de sol – contemplá-lo *enfim* e – zombar dele e dissolver-*se*.
>
> Esperança de Mitra
> Loucura de Mitra!
>
> Grotta di *Matrimonio*, quadro idílico da vida inconsciente.
>
> Imaginar a vida como uma *festa* a partir da mitromania.
>
> *Arte* da lembrança, domínio dos elementos maus, amargos. Luta contra doença descontentamento tédio.
> 2. Mitra mata o touro ao qual estão agarrados a serpente e o escorpião.[11]

A experiência dessa excursão a Capri foi então filtrada por sua sensibilidade filosófica e sua cultura clássica para tornar-se o símbolo de uma profunda afirmação da existência terrestre. Nessas linhas, provavelmente Nietzsche se lembra também da descrição que Ferdinand Gregorovius, um velho amigo de Malwida, tinha dado de Capri e da gruta de Matromania em seu livro de recordações da Itália – que servia então de guia de viagem e que ainda hoje pode ser encontrado nas livrarias de Capri:

> Descendo por uma escada escarpada, chega-se ao meio da costa, onde uma gruta profunda e bela forma uma abóbada, cheia de escombros. Trata-se da enigmática gruta de *Matromania*. Sua abertura é um semiarco de grande amplitude, porque a caverna tem 55 pés de largura e cem de profundidade. É uma obra da natureza, mas que foi retocada pela mão do homem, pois desde a entrada percebem-se muretas romanas e, no interior, vestígios de alvenaria se prendem às paredes. No fundo, erguem-se em semicírculo duas construções, uma diante da outra e semelhantes a assentos, no meio das quais alguns degraus conduzem àquilo que devia ser o nicho do deus, cujas estátuas eram expostas ali. Tudo indica que estamos diante da cela de um templo. O nome de Matromania que foi dado à gruta, e que o povo, com uma ironia inconsciente, permutou para *Matrimonio*, como se Tibério tivesse celebrado suas núpcias ali dentro, deriva de *Magnae matris antrum* ou de *Magnum Mithrae antrum*. Diz-se que o templo era consagrado a Mitra, não tanto porque o deus persa do sol fosse homenageado na caverna, mas porque ali foi encontrado um daqueles baixos-relevos que representam o sacrifício místico de Mitra, e dos quais existe uma grande quantidade no museu do Vaticano. Nos *Studi* de Nápoles, vi dois deles: um foi encontrado na gruta de Posillipo e o outro na gruta de *Matromania*, e representam Mitra com um traje persa, ajoelhado sobre um touro, afundando a faca sacrificial na garganta deste, enquanto a serpente, o escorpião e o cão ferem o animal. Não parece absurdo considerar que essa gruta

era um templo de Mitra. Ela era perfeitamente apropriada ao ritual místico prestado ao sol, pois dá justamente para o nascente, e quem observa, lá do fundo, Helios subir acima das montanhas longínquas, e contempla a luz purpúrea das montanhas e das ondas de perto e de longe, este torna-se verdadeiramente um adorador do sol.[12]

Esse lugar impregnado de mistério provavelmente acolheu as cerimônias de uma religião do sol que, trazida do oriente pelos soldados romanos e espalhada no império entre os séculos I e III, travou uma luta feroz contra o cristianismo. Em 25 de dezembro, essa religião festejava o nascer do sol e representava, no sacrifício do touro, a vitória da vida sobre as forças do mal. Era uma religião profundamente terrestre, que não acreditava no além e concebia o fim do mundo à maneira dos estoicos, como uma grande conflagração cósmica. Era uma religião que, contrariamente ao cristianismo, tendia à afirmação da vida. Nietzsche a evoca precisamente durante o verão de 1878, por ocasião de um dos períodos mais tristes de sua existência, dutrante o qual ele busca "vencer os elementos maus, amargos", e "lutar contra a doença, o desgosto, o tédio". Ainda se lembrará dela ao abrir seu *Zaratustra* com um diálogo do protagonista com o sol: "Grande astro, qual seria tua felicidade se não tivesses aqueles a quem iluminas?/ Durante dez anos, subiste à altura de minha caverna: sem mim, sem minha águia e minha serpente, um dia te cansarias de tua luz e de teu caminho."[13]

Um segundo elemento ligado à gruta de *Matromania* que Nietzsche extraiu da obra de Gregorovius concerne à interpretação dos versos gregos inscritos numa estela encontrada em 1750 nos arredores da gruta. Os epigrafistas acreditam hoje que se trata de uma simples pedra tumular, mas Gregorovius via nela o testemunho de um sacrifício humano realizado pelo imperador Tibério.

> De qual crime pavoroso falam as inscrições tão misteriosas no túmulo dessa criança? Existe ali um romance de Capri. A sorte do pobre Hypatos foi esquecida, e no entanto eu a conheço. Em uma hora demoníaca, Tibério sacrificou ao sol seu favorito, aqui, nesta caverna, aqui nesta cela. Assim como, mais tarde, Adriano sacrificou o belo Antínoo ao Nilo. Pois na época os sacrifícios humanos, embora não fossem frequentes, ainda faziam parte dos costumes, e em sua maioria eram realizados em nome de Mitra.[14]

Nietzsche segue a hipótese de Gregorovius e, nove anos após a excursão a Capri, ao tratar da crueldade religiosa em *Além do bem e do mal*, alude ao sacrifício do jovem Hypatos: "Outrora, eram seres humanos que as pessoas sacrificavam a seu deus, e talvez justamente aqueles mais amados; caso dos sacrifícios do primogênito, que encontramos em todas as religiões primitivas, e também o sacrifício que o imperador Tibério fez na gruta de Mitra em Capri – o mais pavoroso anacronismo da história romana."[15]

4. *Sorrentiner Papiere*

Como mencionamos anteriormente, Reinhart von Seydlitz, atraído pela escola dos educadores e pelas descrições dos dias felizes no sul, acabara por se dirigir a Sorrento com sua esposa Irene, e desde o início Nietzsche estabeleceu com esse casal uma relação muito cordial e divertida. Seu amigo *Rinaldo*, como Nietzsche o apelidara, lembra-se com nostalgia dos dias que passaram juntos, do final de março ao início de maio de 1877:

> Longe desses dias sombrios, volta-me de bom grado a lembrança daquela temporada em Sorrento em 1877: "Foram dias felizes para mim." ... Quando ele vinha ao nosso quarto em Sorrento, minha mulher se apressava a preparar-lhe um café turco, que ele tanto apreciava e que lhe fazia bem. Então sentava-se no jardim, na varanda ou ao piano e nos agradecia à sua maneira: dava o que possuía de melhor em palavras ou em música. Se não houvesse projetos de excursões em comum a Termini, a Camaldoli ou a Deserto, improvisávamos solenemente no bosquezinho de laranjeiras uma "tarde alemã", com bolinhos, café e uma conversa cheia de jovialidade. De bom humor, ele tinha então o hábito de colocar uma daquelas boinas sorrentinas, tecidas de fios multicoloridos, observando que era a melhor proteção para a cabeça e a mais adequada ao lugar. Assim passeava entre as laranjeiras em

flor, o rosto voltado para trás, como um profeta sorrentino, os olhos semicerrados. Seu passo era longo e decidido, mas leve, e quando ressoava sua voz profunda e sonora, maravilhosamente melódica, nunca era por coisas tolas. Mas, quando ele falava, sua maneira de se expressar não era como se ele se preparasse para dizer algo importante. Ele podia pronunciar, no tom mais simples, frases de tal riqueza de sentido, de tal alcance, que pareciam ditas *sub specie aeterni*.[1]

Rinaldo também nos esclarece sobre a origem do novo livro do filósofo e sobre a nova forma de sua escrita: "Em Sorrento, nós nos líamos mutuamente aforismos que cada um redigia à maneira de aposta: alguns dos seus se encontram em *Coisas humanas, demasiadamente humanas*. Uma vez, ele disse: 'Seria bom ter cinco pensamentos por dia'; no 'dia', incluía também a noite, e ao lado de sua cama mantinha uma pequena lousa, na qual anotava, no escuro, os produtos da insônia."[2]

E a quinta *Consideração extemporânea*? À carta do editor, que em 25 de fevereiro lhe perguntava quais eram o título e a data de publicação pretendidos, Nietzsche responde com um cartão-postal, uma pequena frase e um jogo de palavras: "Não queremos *considerar* as *Considerações extemporâneas* como já não sendo de atualidade?" O pobre editor, que já pensava no lançamento publicitário das cinco *Considerações* reunidas, deve ter achado que seu autor estava maluco. No entanto, no começo da viagem para o sul, em Bex, Nietzsche trabalhava de fato na quinta *Extemporânea*; falava dela no trem com a entusiástica Isabelle, ditava trechos a Brenner. À sua irmã, até anunciava que o trabalho estava concluído, e seus amigos já falavam disso. E o tema dessa quinta *Extemporânea*, o espí-

FIGURA 9 Reinhart von Seydlitz
por volta de 1875

rito livre, talvez pudesse ter servido de transição para uma nova fase de sua filosofia. Mas Nietzsche já não tinha nem a força nem o desejo de escrevê-la, pois o esquema ainda era aquele de Wagner da luta contra a atualidade por uma reforma da cultura alemã, e o pensamento de Nietzsche saía agora definitivamente do círculo mágico dessa estranha extemporaneaidade, muito ligada ao presente. Alguns anos mais tarde, ele terá plena consciência disso: "Se um dia eu escrevi o termo 'extemporânea' em meus livros, quanta juventude, quanta inexperiência, quanta estreiteza se exprimem nessa palavra! Hoje compreendo que por esse tipo de acusação, de exaltação e de insatisfação, eu pertencia precisamente aos mais modernos dos modernos."[3] Em Sorrento, a prática do livre pensamento o empolgava e lhe inspirava uma multidão de reflexões sobre os mais variados temas, muitas vezes sob a forma de aforismos que Nietzsche esboçava em suas cadernetas, durante os passeios matinais, e que copiava em seguida em cadernos ou em folhas soltas. Nos arquivos de Weimar encontra-se até hoje um maço de folhas mantido sob o nome de *Sorrentiner Papiere*, os papéis de Sorrento; e é verdade que a maioria dessas páginas foi escrita em Sorrento. Mas, na verdade, trata-se apenas de uma passagem a limpo realizada pelo próprio Nietzsche ou, mais frequentemente, por Brenner. Como veremos adiante, bem mais interessantes são as cadernetas sorrentinas em que vemos anotados os pensamentos em estado nascente, que o filósofo captou entre o mar e a montanha, entre o perfume das laranjeiras e o do sal marinho ao longo das trilhas estreitas entre as oliveiras. E às vezes esses pensamentos nascidos no movimento do passeio guardaram as cores da paisagem que os viu nascer, ou talvez vagassem no ar como borboletas multicoloridas.[4]

Um novo estilo, um novo livro, uma nova fase de seu pensamento... Para muitos amigos de Nietzsche, não foi fácil acompanhar o filósofo nessa evolução intelectual tão rápida. Malwida foi a primeira a perceber essa profunda mudança e a ficar apavorada com ela:

> Um dia, Nietzsche chegou carregando um grande pacote de folhas manuscritas e me perguntou se afinal eu queria lê-las. Disse tratar-se de pensamentos que lhe haviam ocorrido ao longo de caminhadas solitárias; em particular, apontou-me uma árvore da qual lhe caía na cabeça um pensamento, toda vez que ele se instalava abaixo dela. Li com grande interesse aquelas páginas, dentre as quais pensamentos magníficos, particularmente os que concerniam aos estudos gregos, mas havia outros que me desconcertavam, que não combinavam em absoluto com Nietzsche tal como ele havia sido até então, e que me provavam que essa

orientação positivista, cujo lento desenvolvimento eu tinha observado no decorrer do inverno, começava a enraizar-se e a dar às suas concepções uma nova forma.[5]

Pensando tratar-se apenas de uma fase do desenvolvimento intelectual do amigo, Malwida começou por aconselhá-lo a não publicar imediatamente aqueles esboços. Depois, quando ele os publicou, ela lhe permaneceu fiel, mesmo esperando que Nietzsche acabasse por reconsiderar:

> Estamos diante do início da transformação das ideias de Nietzsche. Primeiro seus amigos mais íntimos acolheram-no com estupor, para em seguida afastar-se pouco a pouco dele, com menor ou maior pesar. Muitos, e dentre eles os mais importantes, se afastaram com desdém e quase com desprezo. Eu lhe permaneci fiel, porque estava profundamente convencida de que a transformação que acontecia nele era só uma fase de sua evolução, da qual sua verdadeira natureza espiritual sairia amadurecida e reforçada. ... Eu esperava que o nobre espírito de Nietzsche, tal como se revelara em seus primórdios, poderia livrar-se daquelas conclusões duras que partiam em todas as direções rumo a extremos odiosos e falsos, e que só então ele faria amadurecer sua visão filosófica do mundo sob a forma clara de um novo ideal sublime.[6]

Mas a terceira fase, que Malwida von Meysenbug imaginava ser um retorno à filosofia de *O nascimento da tragédia*, não chegou nunca, pela simples razão de que eram a metafísica do artista e a crítica à cultura contidas em seus escritos da época da Basileia que constituíam a fase transitória na evolução do pensamento de Nietzsche. Com *Coisas humanas, demasiada-*

mente humanas, Nietzsche havia finalmente recuperado sua verdadeira natureza espiritual, sua filosofia cética e imanentista pré-wagneriana, que em seguida, longe de renegá-la, ele não fará senão enriquecer e desenvolver. Embora sua boa amiga idealista não tivesse consciência disso em absoluto, Nietzsche, por sua vez, estava bem consciente da ruptura representada pelo período de Sorrento e do fato de que, com *Coisas humanas, demasiadamente humanas*, livrara-se de tudo o que não lhe pertencia, tal como diz em *Ecce homo*: "*Coisas humanas, demasiadamente humanas*, este monumento de uma rigorosa disciplina de si, pela qual extingui bruscamente tudo o que se insinuara em mim de 'superior charlatanismo', de 'idealismo', de 'belos sentimentos' e outras feminilidades, foi redigido essencialmente em Sorrento; recebeu sua conclusão, sua forma definitiva, durante um inverno na Basileia, em condições bem menos propícias se comparadas às de Sorrento."[7] Nietzsche estava também consciente da continuidade que, em seu desenvolvimento, relaciona suas reflexões sobre os preconceitos morais ao método genealógico da maturidade:

> Minhas ideias sobre a *proveniência* de nossos preconceitos morais – pois tal é o assunto deste panfleto – encontraram sua primeira expressão lacônica e provisória na coletânea de aforismos que traz o título "Coisas humanas, demasiadamente humanas. Um livro para espíritos livres". Comecei a escrevê-lo em Sorrento, durante um inverno em que tive a oportunidade de me deter, como se detém o viajante, e de num relance ter uma visão abrangente do país vasto e perigoso até então percorrido pelo meu espírito. Isso se passou durante o inverno de 1876 a 1877; as ideias propriamente ditas são de data mais antiga.[8]

O Rée-alismo e as combinações químicas dos átomos

Os rascunhos de *Coisas humanas, demasiadamente humanas* marcam logo de saída uma guinada antimetafísica. Em *O nascimento da tragédia* (1872), Nietzsche havia construído uma metafísica da arte e do artista afirmando que a existência só é digna de ser vivida a partir de uma perspectiva estética. No meio dos papéis de Sorrento, encontra-se um trecho muito explícito sobre isso, que já tivemos oportunidade de citar na introdução: "Quero expressamente declarar aos leitores de minhas obras precedentes que abandonei as posições metafísico-estéticas essencialmente dominantes ali: elas são agradáveis, mas insustentáveis."[9] Em 1876, Nietzsche renega a fase wagneriana, retoma certas aquisições de sua formação filosófica e filológica e se abre ao pensamento da modernidade, à história, à ciência. Nessa guinada, geralmente qualificada de positivista, a amizade com Paul Rée exerce um papel central. O primeiro aforismo de *Coisas humanas, demasiadamente humanas*, que constitui quase o manifesto programático dessa evolução, comporta uma dimensão autobiográfica sob a forma de um flerte à "escola dos educadores". Intitula-se "Química das ideias e dos sentimentos" e convida a introduzir na filosofia um rigoroso método de análise extraído de uma das ciências que então representavam a vanguarda do saber científico. Mas insistir nas combinações químicas dos átomos para explicar os fatos da vida e do universo era precisamente um traço característico da personalidade de Paul Rée. A tal ponto que, na pequena comunidade da Villa Rubinacci, isso se tornara quase um chavão e um gracejo:

[Em Sorrento], tivemos com o dr. Rée, um positivista resoluto, contínuas discussões sobre os problemas filosóficos, tanto que a expressão "combinação química" acabou por tornar-se entre nós uma piada.[10]

Acabo de receber seu cartãozinho da Itália, e ao mesmo tempo o livro de Rée, que ele concluiu aqui. Em cima, ele escreveu: "À combinação de tudo o que há de bom, a combinação dos átomos." Sempre caçoei dele a respeito de suas opiniões temivelmente realistas, e, em vez de dizer "o ser humano", eu dizia, quando discutíamos: "a *combinação química*". Mas ele afirma que ninguém no mundo é bom, exceto eu, e é a isso que se refere essa dedicatória.[11]

Vários aforismos de *Coisas humanas, demasiadamente humanas* tecem um verdadeiro diálogo com a filosofia positivista de Paul Rée, um diálogo com pontos de contato e um certo número de divergências não explícitas que se manifestam sobretudo mais tarde. Quando *Coisas humanas, demasiadamente humanas* foi publicado, em 1878, a maioria dos amigos não apreciou muito a guinada positivista de Nietzsche e atribuíram-na à má influência de *A origem dos sentimentos morais*, o livro que Paul Rée havia escrito em Sorrento. Quanto ao próprio Rée, este ficou eufórico ao ler o livro de Nietzsche. Viu nele um desenvolvimento em maior escala de certos temas de reflexão comuns, com um alcance de visão inigualável, um gênio de talentos múltiplos que se reúnem numa visão unitária.

Oh, caríssimo amigo, que surpresa maravilhosa! Estou louco de alegria e imediatamente me atirei sobre sua obra, qual um pobre faminto. Esses temas, que são os que mais me interessam, associados a cada frase ou quase a mil lembranças e vínculos pessoais, fazem dele para mim o livro dos livros. Sinto-me como alguém que vê uma coisa com a qual sonhou antes. Ele já havia vivido, escutado, lido tudo aquilo em algum lugar – assim como há tantas coisas que eu já escutara de sua boca ou lido no manuscrito de Sorrento, mas isso estava de novo meio esquecido, como a lembrança de um sonho, e eis que se ergue diante de mim em sua realidade tangível. E que realidade! Vejo meu próprio eu projetado para o exterior em maior escala. Deixe-me ter a pretensão de lhe dizer: que espécie de homem é o senhor! Não um homem, justamente, mas um conglomerado de homens: enquanto cada um de seus amigos tão diferentemente dotados se tortura para sustentar o próprio talento, o talento singular do qual ele se crê possuidor, e fazê-lo aparecer, esgotando nisso toda a sua força, o senhor tem todos esses talentos diferentes, ora maiores, ora tão grandes quanto o de cada um dos outros. Já me inebriei, mais especificamente, com *A santidade e a ascese cristãs* [título do aforismo 136]. Se os alemães, agora, não se tornarem amigos dos psicólogos, acabarei emigrando para a França. ... Nunca em minha vida eu tive uma surpresa tão boa. Meus cumprimentos, e mil vezes obrigado!¹²

Bem diferente foi a acolhida em Bayreuth: "Richard percorre o novo livro de Nietzsche e se espanta com sua vulgaridade pretensiosa. 'Bem compreendo que a relação com Rée lhe assenta melhor do que comigo.' E como eu observo que, segundo esse livro, os escritos anteriores de Nietzsche são apenas *Reflexe* [reflexos], que não vinham do seu eu profundo, Richard me diz: 'Agora, são *Rééklekse*' [garatujas de Rée]." Tal foi o julgamento categórico de Richard Wagner sobre o livro "triste", "deplorável", "insignificante", "maléfico", do amigo de outrora.¹³ Cosima, numa carta a Marie von Schleinitz, não deixou de sublinhar a má influência judaica: "Muitas coisas contribuíram para esse triste livro, e por fim, de quebra, Israel, sob a figura de um certo dr. Rée, muito frio, muito polido, como que possuído, subjugado por Nietzsche, mas na verdade zombando dele: a relação entre a Judeia e a Germânia em escala reduzida."¹⁴

O amigo e companheiro de estudos Erwin Rohde, o outro "professor wagneriano", destinado a se tornar um dos maiores helenistas de seu tempo, escreveu a Nietzsche: "Minha surpresa diante deste último *Nietzschianum* foi, como você bem pode imaginar, enorme; coisa inevitável, quando do *calidarium* a pessoa é diretamente jogada num *frigidarium* gelado! Digo-lhe agora, com toda a sinceridade, meu amigo, que essa surpresa não foi sem dores. Como é possível alguém se despojar *dessa maneira* da própria alma e assumir a de um outro? Em vez de Nietzsche, tornar-se de repente Rée? Ainda estou abismado diante de tal milagre e não posso me regozijar com ele nem ter uma opinião precisa a respeito, porque ainda não o *compreendi* bem."¹⁵ Nietzsche respondeu com uma bela carta na qual expressa sua amizade a Rohde, dando ao mesmo tempo o sentido e os limites de sua nova amizade com Rée e do intercâmbio intelectual com ele.

> Tudo isso é bonito e bom, meu caríssimo amigo: nós dois ainda *não* estamos sobre um pedestal de argila que possa ser derrubado por um livro.
>
> Desta vez, aguardo com calma que pouco a pouco se pacifiquem as vagas nas quais meus pobres amigos chapinham: se fui eu que os joguei ali – *a vida* não corre perigo, sei por experiência;

e, no caso em que, aqui ou ali, a *amizade* estivesse *em perigo*, pois bem, isso significa que honraremos a verdade e diremos: "até então, nós só amamos no outro uma sombra".

Haveria muitas coisas a *dizer*, e ainda mais coisas indizíveis a *pensar*: de brincadeira, que me seja apenas permitida uma comparação. Eu sou como alguém que preparou um festim grandioso, com grande quantidade de iguarias suculentas, e cujos convidados, assim que veem as vitualhas, fogem correndo. Se um ou dois apreciarem ao menos um bocado (como você mesmo faz, meu caro, destacando os gregos [Rohde havia apreciado particularmente os trechos relativos à civilização grega]), ele já se sentirá bastante satisfeito.

Não quebre a cabeça quanto à origem de um livro desse tipo, e, ao contrário, continue a extrair aqui e ali o que lhe agradar. Talvez até chegue o momento em que, com sua bela fantasia construtiva, você encare o todo como um todo e possa participar da maior alegria que eu já experimentei até hoje.

Entre parênteses: procure sempre, no meu livro, não meu amigo Rée, mas *eu mesmo*. Tenho orgulho de ter descoberto suas esplêndidas qualidades e aspirações, mas, sobre a concepção de minha "filosofia *in nuce*", ele não exerceu a *menor* influência: ela estava *pronta* e em boa parte já confiada ao papel quando pude conhecê-lo melhor, durante o outono de 1876. Nosso encontro se deu no mesmo nível: o prazer de nossas conversas era ilimitado, e certamente ambos ganhamos com isso (a ponto de Rée, com amigável exagero, ter escrito para mim em *seu* livro, *A origem dos sentimentos morais*: "Ao pai deste escrito, a mãe agradecida").

Será que assim eu lhe pareço ainda mais estranho, mais incompreensível? Se pelo menos experimentasse o que eu mesmo sinto desde que acabei por fixar meu ideal de vida – o ar saudável e puro dos *cumes*, a suave tepidez que me rodeia –, você poderia se alegrar muito, muito, por seu amigo. E esse dia também *virá*. De todo o coração, seu F.[16]

O dia da reaproximação intelectual e humana entre Nietzsche e Rohde jamais chegará. A correspondência entre eles se tornará cada vez mais esporádica até a ruptura em 1887, sobrevinda em consequência do julgamento negativo de Rohde sobre Hyppolite Taine.[17]

O ideal de vida que o filósofo havia fixado para si após a publicação de seu livro "escandaloso" encontra-se expresso de maneira mais clara numa carta de resposta a outra wagneriana decepcionada, Mathilde Maier. Ela lhe escrevera uma longa carta:

> O senhor não imagina a profunda agitação em que este livro me fez mergulhar, quantas noites em claro ele me custou. ... Quando um espírito como o seu, tão voltado para o ideal e marcado, parece-me, por uma necessidade metafísica particularmente forte, chega por outros caminhos [que não o materialismo ingênuo] à formulação segundo a qual a filosofia do futuro seria idêntica à ciência da natureza, como eu não ficaria profundamente transtornada? ... Construiu-se no sofrimento e na dor uma religião sem Deus para salvar o divino quando O perdemos – e agora o senhor retira o próprio fundamento que, por mais aéreo e nebuloso que possa ser, era suficientemente forte para carregar todo um mundo, o mundo de tudo o que nos é caro e sagrado. A metafísica é só uma ilusão, mas o que é a vida sem essa ilusão? ... A coisa mais apavorante para mim é o aniquilamento da ideia eterna, que é a única fonte de calma e de salvaguarda ante o de-

vir eterno! E agora o senhor destrói tudo! Um mundo flutuante, nada de imagens fixas, somente um movimento eterno! É de se perder a cabeça!¹⁸

Nietzsche respondeu a ela em 15 de julho, falando da gênese intelectual e material de seu livro:

Veneradíssima senhorita,
Não se pode mudar nada nisso: é preciso que eu mergulhe todos os meus amigos no desalento – precisamente quando digo, finalmente bem alto, como eu mesmo *saí* do desalento. Essa maneira de envolver nas brumas tudo o que é verdadeiro e simples, o combate da razão *contra* a razão, que quer ver em cada coisa, em cada ser, um milagre e um não sentido – e com isso a arte barroca da extrema tensão e da desmesura glorificada, que lhe corresponde tão bem – quero dizer a arte de Wagner –, foram esses dois elementos que me deixaram doente, cada vez mais doente, e que quase me fizeram esquecer meu bom temperamento e meu talento. Se a senhorita pudesse sentir como eu em que ar puro dos *cumes* eu vivo *agora*, em que doce disposição ante os seres que ainda habitam na bruma dos vales, mais do

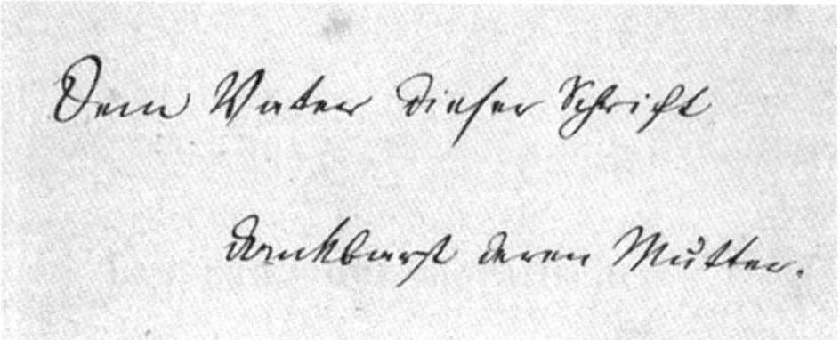

FIGURA 10 "Ao pai deste escrito, a mãe agradecida."
Dedicatória de Rée a Nietzsche.
("*Dem Vater dieser Schrift dankbarst dessen Mutter.*")

que nunca decidido a tudo o que é bom e de valor, cem passos mais próximo dos gregos do que eu era antes; e o quanto *eu mesmo* agora *vivo* aspirando à sabedoria nas menores coisas, ao passo que antigamente me contentava com venerar e idolatrar os *sábios* – em suma, se a senhorita chegar a experimentar como eu esta transformação e esta crise, oh, então a senhorita *deveria* desejar viver algo semelhante!

Foi durante o verão em Bayreuth que tomei plena consciência disso: após as primeiras representações às quais assisti, busquei a saúde nas montanhas e ali, numa aldeia em meio às árvores, nasceu o primeiro esboço, cerca de um terço do meu livro, que então tinha por título: "A relha". Depois, para satisfazer o desejo de minha irmã, retornei a Bayreuth, já então possuindo a firmeza de alma necessária para suportar o que era dificilmente suportável – e me *calando* diante de todo mundo! *Agora* eu me desembaraço daquilo que não faz parte de *mim*, homens, quer sejam amigos ou inimigos, hábitos, conforto, livros; vivo na solidão pelos anos vindouros até que, na qualidade de filósofo da *vida*, maduro e pronto, me *seja permitido* (e então provavelmente também *necessário*) retomar relações.[19]

A lógica do sonho

Voltemos agora aos manuscritos sorrentinos para ler mais alguns desses fragmentos ou aforismos que conservaram, transpondo-o para um contexto filosófico, um eco dos lugares e dos amigos da viagem a Sorrento. Num longo e importante aforismo da primeira parte de *Coisas humanas, demasiadamente humanas*, intitulado "Lógica do sonho", Nietzsche insere e põe

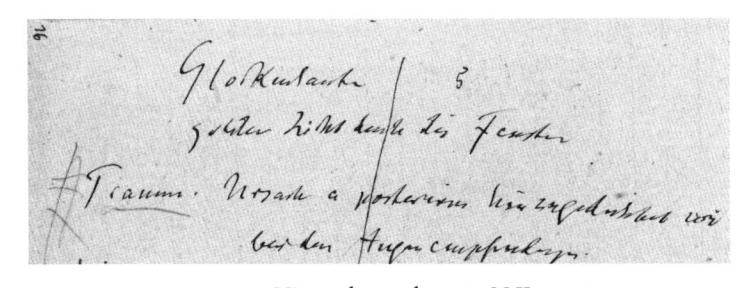

FIGURA 11 Nietzsche, caderneta N II 3, p.36

em relação duas experiências pessoais: uma longínqua, recuperada nas gavetas da memória, e a outra bem recente, a dos sinos de Sorrento, que esteve na origem dessa reflexão do filósofo. O aforismo, número treze de *Coisas humanas, demasiadamente humanas*, começa descrevendo a posição incomum do corpo de um indivíduo adormecido. Esta excita, por seu caráter excepcional, o conjunto do sistema nervoso, até e inclusive a função cerebral. E assim, para Nietzsche,

> existem para o espírito cem motivos de maravilhar-se e de buscar *razões* para essa excitação; mas é o sonho que constitui *a busca e a representação das causas* dessas sensações assim excitadas, das causas imaginárias, entenda-se. É possível, por exemplo, que aquele que prende os pés em duas correias sonhe que duas serpentes os mantêm em seus anéis; de início é uma hipótese, depois uma crença, acompanhada de uma representação figurada que é uma ficção: "Estas serpentes são necessariamente a causa desta sensação que tenho, eu, a pessoa que dorme" – assim julga o espírito dele. O passado recente que ele infere dessa maneira torna-se-lhe presente graças à sua imaginação excitada. Assim, todo mundo sabe por experiência o quanto o sonhador não demora a introdu-

zir na trama de seu sonho um som que lhe chega com força, por exemplo um toque de sinos, tiros de canhão, isto é, a explicá-lo *a posteriori* por esse mesmo sonho, de modo que ele *se imagina* vivendo primeiro as circunstâncias determinantes, e em seguida percebendo o som.[20]

De fato a origem desse aforismo se encontra numa breve anotação nas cadernetas de Sorrento: "Sons de um sino – luz dourada pela janela. Sonho. A causa, imaginada, é introduzida nele *a posteriori* como nas sensações visuais."[21] Ela também se explica pelos hábitos de vida do grupo de amigos, bem descritos pelo depoimento de Albert Brenner:

> De manhã, às seis e quinze, tudo ainda está muito silencioso na casa e lá fora; somente as portas rangem ao vento. Às seis e trinta, o sino da capela próxima daqui vibra com um som queixoso e triste. Quase em seguida, uma voz grita: "Brenner!" Nenhuma resposta. Silêncio mortal. As queixas do sino soam de novo. Silêncio. Após alguns minutos: "Brenner!" Breve silêncio. Depois a resposta: "Oh, oh, oh –" De novo o silêncio. Mais forte ainda: "Brenner!" Silêncio penoso. "O quê? Sim! Vou me levantar!!"[22]

Na hora em que o sino de Sorrento vibra e enquanto seu amigo sai penosamente do sono, Nietzsche reflete sobre a lógica do sonho. A essa impressão recente mistura-se, em sua reflexão sobre o sonho, uma lembrança antiga que, num período de retorno ao passado, Nietzsche reencontra em sua memória e que, aos quatorze anos, ele havia confiado ao seu diário da época em que era aluno da Escola de Pforta: "É espantoso como, nos sonhos, a fantasia está ativa: eu, que à noite sempre uso faixas elásticas nos pés, sonhei que duas serpentes haviam se enrolado em minhas pernas. De repente agarrei uma pela cabeça, acordei e me vi tendo nas mãos uma liga para meia."[23]

Um epicurista em Sorrento

Nos passeios, são os próprios caminhos de Sorrento que oferecem a Nietzsche matéria para traduzir seus pensamentos em imagens. E ele anota na caderneta: "Caminhar por alamedas de suave penumbra, a salvo das lufadas, enquanto sobre nossas cabeças as árvores gemem, agitadas por ventos violentos, numa luz mais clara."[24]

Em uma carta a Reinhart von Seydlitz, essa imagem revela ainda mais seu conteúdo filosófico: "Em Sorrento, os estrangeiros começam a aparecer; o mês de março é geralmente considerado o mais atraente para eles. Que, aqui, o tempo possa ser *tempestuoso*, na verdade nós só tivemos experiência disso nos últimos dias. Dizem que março marca o início da boa estação, mas alguns dias de vento certamente não iriam faltar. Existem passeios tão bonitos, protegidos sob os laranjais, que esta calma permanente revigora a alma. Somente na agitação dos pinheiros *lá no alto* pode-se *ver* que no exterior, no mundo, bate a tempestade (realidade e parábola de nossa vida aqui embaixo – *verdadeiras* nos dois sentidos)."[25] Em seguida, a mesma imagem lhe permite reencontrar e caracterizar melhor uma das grandes antíteses da tradição filosófica, aquela que opõe cínicos e epicuristas, exposta no aforismo 275 de *Coisas humanas, demasiadamente humanas*:

O epicurista se serve de sua grande cultura para tornar-se independente das opiniões vigentes; eleva-se acima delas, enquanto o cínico se aquartela na negação. Passeia como que por alamedas de suave penumbra, bem protegidas, a salvo das lufadas, enquanto sobre sua cabeça gemem ao vento os cimos das árvores, que lhe revelam a violência pela qual o mundo é agitado lá fora. O cínico, ao contrário, por assim dizer caminha lá fora nu, em meio às rajadas, e nelas se endurece até perder o sentimento.[26]

No que se refere à descrição do cínico que "se aquartela na negação", Renate Müller-Buck viu nisso um retrato de Albert Brenner – o que faria desse aforismo não só uma evocação da paisagem de Sorrento, mas também um monumento literário à memória do jovem amigo precocemente desaparecido. Adivinha-se facilmente quem era o epicurista...

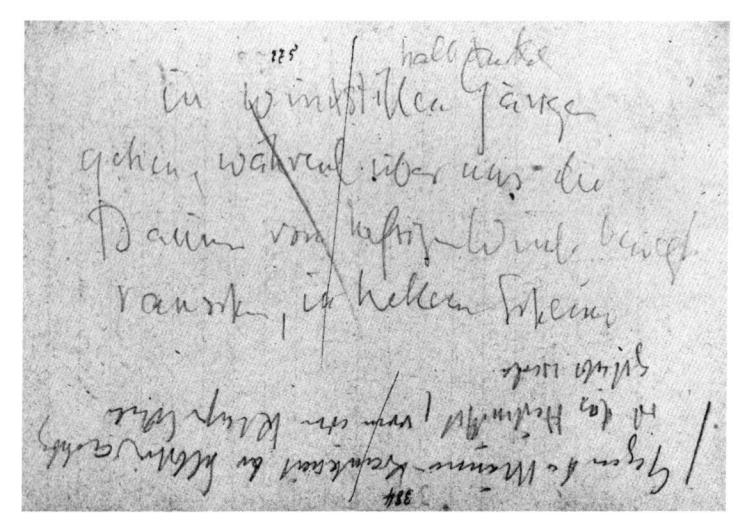

FIGURA 12 Nietzsche, caderneta N II 3, p.15

Música sacra sobre fundo africano

Em meio aos habitantes de um vilarejo do sul, acontecia-lhe ser impressionado por certos detalhes da vida cotidiana que lhe inspiravam observações como esta:

> *A atividade do sul e a do norte.* A atividade provém de duas fontes muito diferentes. Os artesãos do sul decidem ser ativos não por desejo de lucro, em absoluto, mas por causa das perpétuas necessidades dos outros. Como vem sempre alguém que deseja mandar ferrar um cavalo, consertar uma carroça, o ferreiro apressa o trabalho. Se não viesse ninguém, ele iria flanar pela praça. Alimentar-se não tem muita urgência numa região fértil, para isso ele só precisaria de uma quantidade mínima de trabalho, e em todo caso de nenhuma pressa; poderia até ir mendigar, ainda assim contente. – A atividade do operário inglês decorre, ao contrário, de seu desejo de lucro: ele reserva a si mesmo grande estima e grandes ambições, e na posse está a força que ele busca; na força, o máximo de liberdade e de distinção individual possíveis.[27]

Ou então, afastando-se da aldeia, Nietzsche podia cair no meio de um quadro tão estranho e irreal que lhe permitia compreender o absurdo escondido em situações tão banais e habituais quanto escutar música. Escreve Malwida à filha adotiva.

> Querida Olga acabamos de voltar de um longo passeio em lombo de jumento (Rée e Nietzsche estavam a cavalo), aproveitando o retorno do bom tempo; detivemo-nos lá no alto, nas montanhas que dominam o golfo de Salerno, e das quais se veem os dois golfos dos dois lados da região, com as montanhas calabresas ainda

cobertas de neve, e tudo resplandecia magnificamente sob o céu azul; o golfo de Salerno, ainda mais meridional e mais azul do que o de Nápoles; tudo coberto de flores; diante de nós, as ilhotas das sereias, que ficavam lá embaixo, encantadoras; ao nosso redor, enquanto estávamos sentados lá em cima, um grupo de crianças quase africanas, de pele negra, olhos negros, dentes brancos, que riam em nossa direção e nos traziam flores, e acabaram entoando – foi terrivelmente engraçado – um canto supostamente religioso, cujo refrão era: *Viva, viva il cuor di Maria, Eviva Dio che tanto l'amà*. Não é deliciosamente pagão e sensual? Foi uma manhã divina, e todos nós a apreciamos muito.[28]

O refrão desse canto sagrado reaparece um ano depois numa caderneta de Nietzsche:

Passeio perto de Sorrento na montanha do macaco doméstico
evviva evviva il cuor di Maria
evviva il Dio que tanto l'ama

E, em outra caderneta da mesma época, o filósofo escreve:

Um refrão (Sorrento) é escutado por nós em um *cenário discordante* [*falschen Folie*]: *como* em *toda* a música do passado.[29]

Naquele dia, na península sorrentina, passeando a cavalo entre os dois golfos, Nietzsche percebeu a defasagem entre a música e o cenário que a acompanha. Percebeu a dissonância profunda entre a cena pagã daquelas crianças sorridentes e o hino cristão que elas cantavam. Na anotação redigida um ano depois, o filósofo generalizou essa experiência pessoal e viu ali a inevitável incompreensão que atinge toda música que não é escutada sobre o fundo da paisagem cultural e social da época que a produziu. Notemos de passagem que, para transmitir sua ideia, ele utilizou o termo *Folie* (segundo plano, fundo, cenário), que o alemão tomou emprestado de uma dança de origem ibérica do século XVI, a *folia*. Semelhante à chacona, à sarabanda, essa dança difundida em toda a Europa era utilizada no século XVIII para musicar os intervalos ou as cenas iniciais e finais de uma ópera. No século XVIII, portanto, *folia* já não indica somente a música, mas também as próprias cenas, os cenários desses intervalos. Depois o termo permanece na língua alemã só com este último sentido. Nietzsche emprega, com conhecimento de causa, um termo raro, musical e teatral, tão anacrônico quanto o canto daquelas crianças. Esse conceito retorna em um aforismo importantíssimo da *Miscelânea de opiniões e sentenças* (cujo rascunho se encontra no maço de papéis de Sorrento). Nietzsche se serve dele para polemizar contra a doutrina schopenhaueriana e wagneriana que fazia da música a linguagem universal do sentimento, meio de comunicação que ligaria os homens para além do espaço e do tempo.

> A música, justamente, não é uma linguagem universal, intemporal, como já se disse tão frequentemente em sua glória; ao contrário, ela corresponde exatamente a uma certa medida do tempo, um certo grau de calor e de sentimento, que uma cultura bem distinta e determinada, definida no tempo e no espaço, reconhece por lei interior; a música de Palestrina teria sido perfeitamente inacessível a um grego, e, em sentido inverso, o que Palestrina escutaria na música de Rossini?[30]

O sol do conhecimento e o fundo das coisas

De seu retiro sorrentino, o filósofo recolhe outras imagens e outras metáforas que lhe servem para melhor definir a figura do filósofo de espírito livre, seu amor ao conhecimento e sua posição social. Leiamos uma dessas imagens, fixada como sempre por três pequenas frases lançadas nas cadernetas de Sorrento.

> A luz do sol faísca no fundo e mostra aquilo sobre o qual as ondas correm: ásperos pedregulhos.
> O que importa é o fôlego que você tem para mergulhar nesse elemento: se tiver suficiente, poderá ver o fundo.
> A luz cintilante do sol do conhecimento, atravessando o rio das coisas, toca-lhes o fundo.[31]

E eis como essa imagem passa ao texto de *Coisas humanas, demasiadamente humanas*, penúltimo aforismo do capítulo consagrado ao espírito livre:

> Os homens de espírito livre, que só vivem para o conhecimento, não demorarão a alcançar o objetivo exterior de sua existência, sua posição definitiva em relação à sociedade e ao Estado; de bom grado se declararão satisfeitos, por exemplo, com um pequeno emprego ou com posses minimamente suficientes para viver; pois se arranjarão para viver de tal maneira que uma grande mudança nas finanças públicas, e até uma subversão da ordem política, não acarreta ao mesmo tempo a ruína deles. A todas essas coisas, consagram o mínimo possível de sua energia, a fim de mergulhar com todas as suas forças reunidas, e como que

usando todo o alcance de seu fôlego, no elemento do conhecimento. Assim é que podem ter esperança de descer muito baixo e talvez também de ver até o fundo.³²

As ilhas bem-aventuradas

Da sacada da Villa Rubinacci, diariamente Nietzsche vê ao longe, no meio do mar entre o Vesúvio e Capri, a silhueta escarpada da ilha de Ischia.³³ Enquanto reflete sobre a escola dos educadores, a civilização dos espíritos livres e o projeto de criar um lugar para a formação de homens melhores, tem diante de si essa ilha vulcânica, fértil, carregada de história. Essa imagem, embora não seja mencionada nos manuscritos de Sorrento, permanece impressa no espírito do filósofo e emerge ao longo dos anos seguintes, num trecho muito importante de sua obra. O próprio Nietzsche dirá isso, sete anos mais tarde. No verão de 1883, a conselho de Malwida, Nietzsche havia considerado ir morar em Ischia com sua irmã, mas em 28 de julho um violento terremoto destruiu boa parte da ilha, particularmente as localidades de Casamicciola e Lacco Ameno. Em seu relato sobre esse evento a Heinrich Köselitz, Nietzsche revela a significação especial que essa ilha sempre teve para ele:

> Quanto mais penso nisso, mais a sorte de Ischia me transtorna; e, à parte o que concerne a cada um, existe lá alguma coisa que me toca pessoalmente, de maneira assustadora e que me é própria. Essa ilha me obsedava muito: quando tiver lido até o fim o Zaratustra II, o senhor perceberá claramente EM QUE LOCAL eu bus-

quei minhas "ilhas bem-aventuradas". "Cupido dançando com as jovens" só se compreende de imediato em Ischia (as mulheres de Ischia dizem "Cupedo"). Assim que meu poema se conclui, a ilha sucumbe.³⁴

Em *Assim falou Zaratustra*, as ilhas bem-aventuradas são aquelas onde vivem os discípulos de Zaratustra. E isso não é um detalhe, mas um elemento constitutivo do percurso pedagógico zaratustriano. De fato, no prólogo da obra, Zaratustra tenta pregar à multidão, falando na praça do mercado numa linguagem simples, adequada à comunicação de massa.³⁵ Mas é mal compreendido e ridicularizado; como único resultado, vê-se com um cadáver sobre os ombros, isto é, um discípulo fervoroso, incapaz de se mover sozinho, um peso morto. Zaratustra compreende então que não deve falar ao povo, mas aos seus companheiros, e que precisa de companheiros vivos, que o sigam porque desejam seguir a si mesmos, e não companheiros mortos que ele tem de arrastar segundo sua vontade. Compreende que sua tarefa não é a de tornar-se o pastor de um rebanho, mas de desviar do rebanho muita gente: "Companheiros, eis o que busca o criador, e não cadáveres e não rebanhos e crentes. Os que o criador busca são os que criam com ele, os que gravam valores novos sobre novas tábuas."³⁶ Os discursos de Zaratustra que vêm depois do prólogo servem portanto para formar seus discípulos. Zaratustra resume neles a filosofia do espírito livre.³⁷ Ele prega contra as verdades absolutas e pelas virtudes individuais, historiciza a moral e reabilita os valores do corpo, busca reforçar a estrutura pulsional do indivíduo para lhe dar a possibilidade de criar. Os discursos de Zaratustra dirigem-se portanto a homens que consideram inferiores a eles os valores corriqueiros, as mentiras estabelecidas e as pequenas virtudes sobre as quais se baseia a mediocridade, e se permanecerem na sociedade correm o risco de perder suas esperanças mais altas. A esses, Nietzsche propõe um percurso educativo que desenvolve as pulsões e os talentos individuais de maneira equilibrada e seguindo configurações novas e originais. Como escreverá mais tarde: "Dominar o caos que se é: obrigar seu próprio caos a tornar-se forma; tornar-se necessidade na forma: tornar-se lógica, simples, inequívoca, matemática; tornar-se *lei* –: tal é a grande ambição."[38] A liberdade do espírito e a vontade de poder não conduzem, segundo Nietzsche, ao desencadeamento dos instintos existentes, a uma "negligência" ou ao retorno a uma suposta inocência original: "não confundir a *libertinage* [em francês no texto], o princípio do *laisser-aller* [em francês no texto], com a *vontade de poder* (que é seu princípio *contrário*)";[39] e muito menos, naturalmente, com a supressão deles: "Dominar as paixões, e *não* enfraquecê-las ou extirpá-las! Quanto maior for a dominação soberana da nossa vontade, mais se pode dar livre curso às paixões. O grande homem assim o é pela liberdade que dá aos seus apetites: mas ele mesmo é suficientemente forte para, desses monstros, fazer seus animais domésticos..."[40]

No último discurso da primeira parte, Zaratustra resume o caráter dessa nova "virtude dadivosa" que deveria ser adquirida por seus discípulos: "Ela é poder, essa virtude nova; ela é um pensamento dominante que circunda uma alma cheia de discernimento: um sol de ouro circundado pela serpente do conhecimento."[41] Sobretudo, Zaratustra não indica aos seus discípulos uma moral a seguir. Ele lhes pede unicamente que criem visões do mundo e modos de vida que não tendam ao sobrenatural: "Permanecei fiéis à terra, meus irmãos, com o poder de vossa virtude. Que vosso amor seja pródigo e que vosso conhecimento sirva ao sentido da terra. Eu vos imploro e vos conjuro a isso. ... Reconduzi à terra, como eu fiz, a virtude desvanecida – ao corpo e à vida: para que ela dê seu sentido à terra, um sentido humano!" E termina dirigindo aos seus discípulos um áspero e premente apelo à independência e ao ceticismo:

> Agora me vou sozinho, meus discípulos! Vós também, vós partireis sozinhos! Assim eu o quero. ...
> Dizeis que acreditais em Zaratustra? Mas o que importa Zaratustra? Vós sois meus crentes: mas o que importam todos os crentes?
> Ainda não vos tínheis buscado: então me encontrastes. Assim fazem todos os crentes; por isso é que a fé é tão pouca coisa.
> Agora, ordeno-vos perder-me e encontrar-vos a vós mesmos; e somente quando todos me tiverdes renegado é que eu voltarei para vós.[42]

Em resposta à remessa da primeira parte de *Zaratustra*, Heinrich Köselitz confessava ter percebido ali um injustificado desprezo pela humanidade, ao passo que ao contrário, em sua opinião, o homem sábio deve sempre chegar à conclusão de que "ele e o mundo são complementares". Nietzsche lhe responde muito francamente: "Minha convicção é que existem indivíduos de um nível mais elevado e outros de um nível mais baixo, e muitos graus e distâncias entre eles; é indispensável que o ser de nível mais elevado não somente *se conserve* num plano mais elevado, mas também que tenha o *sentimento da distância* e às vezes o manifeste – indispensável ao menos para que sua superioridade seja *ativa* e, desse modo, que o leve *rumo ao alto*. Se eu compreendo o primeiro *Zaratustra* até os mínimos detalhes, ele quer precisamente dirigir-se àqueles que, no meio da confusão e da gentalha, *ou* se tornam completamente *vítimas* desse sentimento da distância (da repulsa, em certos casos!), *ou* devem despojar-se desse sentimento da distância: ele os aconselha a refugiarem-se ou na solidão de uma ilha bem-aventurada – ou em Veneza."[43]

De fato, no início da segunda parte de *Zaratustra*, ficamos sabendo que seus discípulos realmente partiram para as ilhas bem-aventuradas. O afastamento e a solidão constituem a primeira e indispensável etapa rumo à libertação do espírito, porque servem para tomar um recuo em relação às ideias dominantes, a fim de poder analisá-las e modificá-las. Daí a importância da imagem das ilhas bem-aventuradas, que está sempre presente nas quatro partes de *Assim falou Zaratustra*. No início da segunda parte, ficamos sabendo que a doutrina de Zaratustra foi deformada por seus inimigos. Então Zaratustra empreende uma viagem para reencontrar os discípulos e continuar seu ensinamento. "Como um grito e como um clamor de alegria, sobre vastos mares quero viajar, até encontrar as ilhas bem-aventuradas onde residem meus amigos – e, entre eles, meus inimigos! Como amo agora cada um, desde que tenha o direito de lhe falar! Até meus inimigos têm a ver com minha beatitude."[44] Somos informados assim, de passagem, de que nas ilhas bem-aventuradas habitam não só os discípulos mas também os inimigos de Zaratustra, confirmação de que se trata de uma utopia sem ortodoxia. Toda a pregação da segunda parte de *Zaratustra* se desenvolve "Nas ilhas bem-aventuradas", como indica o título da segunda parábola. Na parábola "O canto da dança", Zaratustra entoa "uma sátira sobre o espírito da gravidade, meu demônio altíssimo e poderosíssimo, de quem dizem ser o 'senhor do mundo'", enquanto Cupido e as jovens dançam juntos. E, como Nietzsche escreve na carta a Köselitz que já citamos, "'Cupido dançando com as jovens' só se compreende de imediato em Ischia".

A terceira parte se abre sobre a viagem de Zaratustra das ilhas bem-aventuradas à sua morada. Zaratustra retorna à sua casa porque deve enfrentar o último de seus limites, deve evocar o pensamento do eterno retorno e aceitá-lo. A felicidade do amor por seus filhos, que o retém na ilha, é uma espécie de beatitude que chega demasiado cedo e que retarda o momento no qual deve advir seu amadurecimento. Já no barco que o reconduz à sua casa apresentam-se "A visão e o enigma" do eterno retorno, e após quatro dias de viagem ele se dá conta do perigo que correu: o perigo de amolecer e de faltar à sua missão. Um rascunho é revelador:

Zaratustra 3. Início. Recapitulação. Queres anunciar o super-homem – mas caíste de amores por teus amigos e por ti mesmo e fizeste de tua vida uma delícia. As ilhas bem-aventuradas te enfraquecem – aí estás *sombrio* e apaixonado, criticando teus inimigos. Um sinal de fraqueza: tu recuas ante teus pensamentos.

Mas é preciso que convenças o mundo e que convenças o homem a se destruir.

(O reformador enfraquece em sua própria comunidade: seus inimigos não são suficientemente fortes. Portanto, é preciso que venha à luz um inimigo mais sério: um pensamento. O pensamento como argumento *contra* a vida e a sobrevivência.)[45]

O texto publicado, intitulado "Da bem-aventurança involuntária", explica que o feliz equilíbrio encontrado deve novamente ser rompido para poder permitir que continue o desenvolvimento da personalidade dos discípulos e de Zaratustra. Na verdade, embora os discípulos desfrutem da vida na comunidade dos espíritos livres, para amadurecer eles ainda precisam de solidão: "Meus filhos ainda verdejam em sua primeira primavera, plantados lado a lado, ondulando aos mesmos ventos, árvores de meu pomar e do meu melhor húmus. E, na verdade, onde se encontram árvores semelhantes, alinhadas lado a lado, é ali que *estão* as ilhas bem-aventuradas. Mas um dia eu as transplantarei e replantarei, cada uma por si, a fim de que aprendam solidão, tenacidade e prudência." Zaratustra também deve retornar à sua solidão para concluir sua obra e tornar-se o mestre do eterno retorno: "Assim encontro-me a meio caminho de minha obra, indo rumo aos meus filhos e retornando da companhia deles; por amor aos seus filhos, Zaratustra deve concluir-se a si mesmo. ... Por isso é que agora eu me furto à minha felicidade e me ofereço a todas as infelicidades – como experiência e conhecimento últimos de *mim mesmo*. ... Ah, pensamento abismal, tu que és *meu* pensamento! Quando encontrarei a força de te ouvir cavar sem mais tremer? O coração me bate até a garganta, quando te ouço cavar! Mesmo teu silêncio quer me sufocar, tu que te calas desde o abismo!"[46]

As ilhas bem-aventuradas também são mencionadas na quarta parte de *Assim falou Zaratustra*. Na segunda parábola, o adivinho, que representa a dor de quem perdeu toda a esperança de mudar o mundo, diz a Zaratustra, suspirando, que "tudo é indiferente, nada vale a pena, inútil procurar, e já nem existem ilhas bem-aventuradas!'". Nos rascunhos desse episódio, escritos pouco tempo depois dos terremotos de 1883 em Ischia, Nietzsche havia até posto em cena o afundamento das ilhas bem-aventuradas: "O naufrágio das ilhas bem-aventuradas o *desperta*."[47] Zaratustra, porém, não perdeu a esperança no futuro da humanidade, as ilhas bem-aventuradas encarnam precisamente sua esperança: "Não! Não! Três vezes não!, gritou ele com voz forte, alisando a barba. – *Disso*, eu sei melhor! Ainda existem ilhas bem-aventuradas! Sobre tal assunto, cala-te, ó lamuriento saco de lamentações."[48] Adiante, quando todos os homens superiores estão reunidos na caverna de Zaratustra, as ilhas bem-aventuradas são evocadas mais uma vez num contexto muito significativo. Os homens superiores representam as grandes figuras da decadência europeia da época e são caracterizados pela aversão à existência e pelo desprezo em relação à humanidade.[49] Zaratustra os vê aproximarem-se dele:

> E que nós os desesperados tenhamos vindo agora à tua caverna, e que não mais nos desesperemos: isso nada mais é que o anúncio e o presságio de que melhores do que nós já estão a caminho para vir te encontrar –
> – pois está a caminho para vir te encontrar aquele mesmo que é o último vestígio de Deus entre os homens, isto é, todos os homens do grande desejo, do grande nojo, do grande fastio;
> – todos os que não querem viver, salvo se reaprendem a *ter esperança* – salvo se aprendem de ti, ó Zaratustra, a *grande* esperança![50]

Mas Zaratustra deixa muito claro que aqueles não são os que ele esperava naquelas montanhas: "Vós todos sois sem dúvida homens superiores, mas para mim não sois nem elevados nem fortes o suficiente." São outros os homens que Zaratustra espera em suas montanhas: "outros mais elevados, mais fortes, mais vitoriosos, mais joviais, daqueles que são robustos de corpo e de alma: são *leões sorridentes* que devem vir! ... Falai-me então de meus jardins, de minhas ilhas bem-aventuradas, de minha bela e nova espécie – por que não me falais disso? O presente de hospitalidade que peço ao vosso amor é que me faleis dos meus filhos. Para isso sou rico, para isso me fiz pobre; o que eu não dei, – o que eu não daria para possuir esta única coisa: *aqueles* filhos, *essa* sementeira viva, *essas* árvores de vida de minha vontade e de minha mais alta esperança!"[51] No fim da quarta parte, embora os filhos de Zaratustra não cheguem, ainda assim chegará das ilhas bem-aventuradas um sinal do fato de que eles se aproximam: um leão que ri circundado por uma revoada de pombos, símbolo do poder máximo que não se manifesta como violência, mas sob a forma de um riso acompanhado pela paz e pelo amor:

> "*O sinal está vindo*", disse Zaratustra, e seu coração se modificou. E, na verdade, quando se fez claro à sua frente, ali jazia aos seus pés uma possante fera ruiva e sobre o joelho de Zaratustra ela havia inclinado sua cabeça e por amor não queria tirá-la, e fazia como um cão que reencontra seu antigo dono. Mas os pombos em seu amor não eram menos empenhados do que o leão; e, a cada vez em que um pombo roçava o focinho do leão, este sacudia a cabeça e se espantava e ria.[52]

A partir desse breve percurso, aparece claramente o papel exercido pelas ilhas bem-aventuradas em *Assim falou Zaratustra*. Mas por que Nietzsche escolheu essa expressão e Ischia como modelo? A ilha é o lugar utópico por excelência, onde se pode experimentar novas possibilidades de existência. A imagem das ilhas bem-aventuradas em particular vem de uma tradição de trinta séculos de antiguidade, difundida em todos os povos do Mediterrâneo, sobretudo entre os gregos e os romanos, mas provavelmente também entre os fenícios e os cartagineses. Com uma função semelhante à dos campos elíseos de que fala Homero, as ilhas bem-aventuradas (em grego μακάρων νῆσοι) situam-se nos confins do mundo e gozam de um clima favorável e uniforme e de uma vegetação luxuriante que fornece três colheitas por ano sem que seja necessário trabalhar a terra. Hesíodo, que retoma o lugar homérico e utiliza pela primeira vez a expressão ilha dos bem-aventurados, conta que Zeus destinou para lá os valorosos representantes da raça dos heróis, aqueles que escaparam à morte no campo de batalha.[53]

Por sua formação e por seu ofício de professor de filologia clássica, Nietzsche conhecia, é claro, esses e muitos outros textos sobre as ilhas bem-aventuradas, e se situa conscientemente nessa tradição que revela, entre outras, a herança grega de *Assim falou Zaratustra*.[54] Já antes de *Zaratustra*, Nietzsche havia empregado a imagem da ilha como local adequado para reunir uma pequena comunidade de amigos e formar os educadores de uma nova civilização. No início, o projeto é estreitamente ligado à atmosfera da cidade de Tribschen, onde o casal Wagner habitava no início dos anos 1870, e Nietzsche, da Basileia, ia frequentemente visitá-los para falar do futuro. Uma carta de 1870 a Erwin Rohde nos deixa entrever quantas esperanças agitavam o espírito do jovem professor basileense:

> Arrastemo-nos ainda dois anos nesta existência universitária, tomando-a como um *sofrimento instrutivo*, que convém suportar

com seriedade e espanto. Aliás, neste período devemos aprender a *ensinar*, e creio que minha tarefa é a de me formar para o ensino. Só que situei meu objetivo um pouco mais alto. ... Portanto, em um momento ou em outro, nós nos libertaremos deste jogo, no que *me* concerne, tenho certeza disso. E depois formaremos uma nova Academia *grega* ... . Suponho que você conhece, após sua visita a Tribschen, o projeto de Wagner para Bayreuth. ... Mesmo que só encontremos poucos companheiros que compartilhem nossas ideias, creio que conseguiremos, certamente com alguns sacrifícios, arrancar-nos desta corrente e aportar numa pequena ilha, onde já não será necessário tampar os ouvidos com cera. Então nos ensinaremos um ao outro, nossos livros serão apenas o anzol para atrair alguém à nossa comunidade monacal artística. Viveremos, trabalharemos, seremos felizes um pelo outro – e esse talvez venha a ser o único meio de trabalhar pela *totalidade*.[55]

Infelizmente, o sonho de Tribschen havia naufragado em Bayreuth, quando Nietzsche percebeu que a ilha do conhecimento e da educação de homens melhores se transformara em um porto do mundanismo, em que o artista buscava dominar as massas explorando o nacionalismo e a religião:

Eu amei esse homem, seu modo de viver numa ilha e, sem ódio, *se fechar* para o mundo; era assim que eu o entendia! Quão distante de mim ele se tornou, agora que, nadando na corrente da avidez e do ódio próprios do nacionalismo, tenta ir ao encontro da necessidade de religião desses *povos* de hoje, cretinizados pela política e pela cupidez! Antigamente eu pensava que ele não tinha nada a ver com os homens de hoje – eu era bem tolo![56]

Quando, em *Ecce homo*, conta o nascimento de *Coisas humanas, demasiadamente humanas* e a desilusão de Bayreuth, Nietzsche se refere à época de Tribschen:

> O esboço deste livro remonta à época das representações do primeiro festival de Bayreuth: o sentimento de profunda estranheza em relação ao que me rodeava é uma das condições prévias de seu nascimento. Aquele que faz uma ideia das visões que, naquele momento, já haviam surgido em meu caminho adivinhará sem dificuldade o que eu senti quando um belo dia despertei em Bayreuth. Pensei estar sonhando... Onde eu estava, afinal? Eu não reconhecia mais nada, mal reconhecia Wagner. Em vão, folheava minhas lembranças. Tribschen – uma longínqua ilha dos bem-aventurados: nem mesmo sombra de semelhança.[57]

Quando Wagner se transfere física e metaforicamente de Tribschen para Bayreuth, o sonho nietzschiano das ilhas bem-aventuradas se desloca para o sul. Mas por que o filósofo escolhe justamente Ischia como modelo? Nietzsche não nos deixou explicações categóricas, mas podemos destacar certos elementos históricos e geográficos e tentar explicar o papel dessa ilha no imaginário nietzschiano confrontando-a com outra ilha zaratustriana.

Historicamente, Ischia foi o primeiro território italiano dominado pelos gregos, fundada sob o nome de Pithecusa por colonos provenientes da ilha de Eubeia no início do século VIII a.C. Na época de Hesíodo, representava o território mais a oeste sob o domínio dos gregos, e portanto situava-se verdadeiramente nos confins do mundo conhecido. Alguns pesquisadores acreditam ter sido em suas praias que Ulisses encontrou Nausícaa. Nietzsche ficaria encantado por saber que recentemente foi achado em Ischia um vaso denominado Taça de Nestor, que contém uma das mais antigas inscrições em grego. Até os aspectos geográficos da ilha condizem com as antigas descrições literárias: o solo extremamente fértil que faz crescer uma vegetação exuberante de tipo mediterrâneo, vinhas, oliveiras, cítricos e cereais. Seu clima temperado tem amplitude térmica moderada, entre 10 e 23 graus, e umidade mínima.

Nietzsche também se impressiona com a natureza vulcânica da ilha de Ischia. Ao construir a imagem de uma terra onde se desenvolvem as ideias que marcam um desligamento da tradição, a energia que provém do solo vulcânico é um elemento importante. Numa breve anotação escrita no fim do período sorrentino, lemos: "Em terreno vulcânico tudo prospera."[58] Segundo Nietzsche, são as ideias novas que guiam e aceleram o desenvolvimento histórico, e o desvio do espírito livre deve ser encorajado.[59]

No entanto, a ilha de Ischia se distingue de outra ilha da qual se fala na parábola de Zaratustra intitulada "Dos grandes acontecimentos", a ilha do cão de fogo com seu vulcão continuamente fumegante, da mesma maneira como o espírito livre se distingue do revolucionário.

> Há uma ilha no mar – não longe das ilhas bem-aventuradas de Zaratustra – onde fumega continuamente uma montanha de fogo; sobre essa ilha, o povo, sobretudo as velhas senhoras, diz que ela é como um bloco de rocha diante da porta do inferno: e é no seio da montanha de fogo que se encontra o estreito caminho que conduz à porta dos infernos.[60]

Na ilha do vulcão habita um cão de fogo que representa todos os demônios "da revolta e do escarro." Zaratustra lhe fala e zomba dele. Nos rascunhos, lê-se: "Diálogo com o *cão de fogo*. Derrisão de seu *páthos*. Contra a revolução." "Derrisão das revoluções e do Vesúvio. Alguma coisa da superfície."[61] Segundo Zaratustra, a ideia de poder mudar e fazer progredir a vida dos homens por meio de uma ação violenta é uma ilusão. A mudança revolucionária não age em profundidade e só modifica a superfície das coisas. Com frequência, após a revolução, após terem sido jogadas na lama, as estátuas do poder passado se apresentam como vítimas e ressurgem da lama mais jovens do que antes. A ação do espírito livre, ao contrário, visa a produzir uma mudança não violenta, porém, mais profunda, atuando na esfera dos valores:

> Não é em torno dos inventores de novos clamores: é em torno dos inventores de novos valores que o mundo gira; *inaudível*, ele gira.
> E confessa-o! Uma vez dissipados teu clamor e tua fumaça, percebe-se sempre que não aconteceu grande coisa. O que importa que uma cidade tenha sido mumificada, ou que uma estátua afunde na lama? ...
> Na lama de vosso desprezo jaz a estátua; mas, precisamente, segundo sua lei do desprezo ela extrai nova vida e uma beleza viva.[62]

No fim da segunda parte, quando Zaratustra duvida de si e de sua missão e afirma não ter a voz de leão necessária para comandar os homens, chega-lhe uma resposta, em um murmúrio: "As palavras mais silenciosas são as que trazem a tempestade. Os pensamentos que vêm sobre patas de pombos conduzem o mundo."[63] O cão de fogo retorna envergonhado à sua caverna quando Zaratustra lhe conta a existência de outro cão de fogo que extrai ouro e riso do coração da terra e cuja goela deixa emanar não colunas de fumaça, de cinza e de lama, mas "nuvens matizadas de risos".[64]

Não é necessário consultar os rascunhos para reconhecer claramente na descrição da ilha do cão de fogo o monte Vesúvio. Claro, o Vesúvio não fica numa ilha, mas, se o olharmos de Sorrento, ele parece formar como que uma ilha no golfo de Nápoles, à direita, um *pendant* à ilha de Ischia, que fica à esquerda. De sua varanda na Villa Rubinacci, Nietzsche pôde observar, dia após dia, as duas "ilhas": a ilha de Ischia, modelo das ilhas bem-aventuradas habitadas pelos espíritos livres, e a ilha do Vesúvio, habitada pelo cão de fogo. Ambas são vulcânicas: só que nas ilhas bem-aventuradas o vulcão é um instrumento de transformação gradual que serve para pôr em movimento e para acelerar um processo de crescimento. Na ilha do cão de fogo, ao contrário, a erupção do vulcão destrói a cidade, mumifica seus habitantes (Pompeia), derruba as estátuas e muda tudo para que nada mude.

5. Os sinos de Gênova e as epifanias nietzschianas

NIETZSCHE TINHA IDO a Sorrento para se cuidar. Em vão. Seus raros cartões-postais e as longas cartas de Rée enviados para Franziska e Elisabeth Nietzsche em Naumburg assemelham-se a um boletim médico que traduz de início a esperança de uma cura, relata leves melhoras, seguidas de recaídas, e por fim sanciona o fracasso da terapia. Nietzsche retorna ao norte com suas dores oculares e de cabeça, com a angústia de ter de retomar o ensino na Basileia e a impaciência por poder se consagrar à sua vocação filosófica. Em Sorrento, seu eu mais profundo havia recomeçado a falar. Agora, era bem mais difícil impor-lhe silêncio, sufocar sob a retomada das antigas tarefas de professor essa voz que falava de liberdade de espírito e de amor à viagem, esse "eu, velho e sempre jovem", que aspirava a novas experiências, a novas ideias e a novos caminhos. Ele deveria seguir as sereias do livre pensamento ou manter-se propagandista wagneriano e professor de filologia na Basileia? Mas qual era a verdadeira sereia? Quem realmente desviava o viajante Ulisses de seu caminho?

Em 10 de abril, acompanhados por Malwida até Nápoles, Brenner e Rée haviam retomado o caminho do norte após um triste adeus aos seus companheiros. A partir de então a Villa Rubinacci se tornara demasiado silenciosa e vazia, como Nietzsche escreve a Rée:

Até sexta-feira, fiquei sozinho na Villa Rubinacci. Finalmente a srta. Meysenbug voltou. Vários dias acamado, sempre *mal*, até hoje. Nada é mais triste do que o quarto do senhor sem Rée. Muitas palavras e muitos silêncios em torno do ausente; ontem, constatamos que somente sua "aparência" havia desaparecido. À noite jogamos trilha. Nenhuma leitura, Seydlitz está de cama; bancamos o "enfermeiro caritativo" um do outro, na medida em que alternamos os períodos de cama. Caríssimo amigo, como lhe sou devedor! Não posso jamais perder o senhor! Com minha sincera afeição, Seu F.N.[1]

Sozinho com Malwida e Trina, Nietzsche ainda pensa em seu futuro. Meio brincando, anuncia à irmã que decidiu abandonar a cátedra na Basileia e casar-se com uma mulher boa, *mas* rica:

Nada mais sereno do que sua carta, minha amada irmã; adivinhou precisamente sobre todos os pontos. Eu ando tão mal! Em quatorze dias, passei seis de cama com seis crises maiores, a última foi realmente de perder toda a esperança. Quando me levanto, é a srta. Meysenbug que se deita por causa do reumatismo. Em nossa desgraça, rimos muito juntos, quando leio para ela certos trechos escolhidos de sua carta. O plano que, segundo a srta. von Meysenbug, deve ser inabalavelmente mantido em vista a partir de agora, e para cuja realização você deve contribuir, é o seguinte: estamos convencidos de que minha vida de professor universitário na Basileia é insustentável a longo prazo, de que eu só poderia prosseguir nesse caminho em detrimento, no mínimo, de tudo o que viso mais para a frente e, em qualquer caso, com total sacrifício do que me resta de saúde. Claro, ainda precisarei passar o próximo inverno nestas condições, mas a questão deverá estar resolvida na Páscoa de 1878, caso a outra combinação dê certo, a saber, meu casamento com uma mulher de minha conveniência, mas absolutamente abastada. "Boa, mas rica", como dizia a srta. von Meysenbug, cujo "mas" nos fez rir bastante. Com essa esposa, eu passaria então os próximos anos em Roma, que é um lugar particularmente propício, tanto do ponto de vista da saúde quanto da sociedade e dos meus estudos. Esse projeto deve ser desencadeado desde este verão, na Suíça, de tal modo que eu já esteja casado no outono, de volta à Basileia. Diferentes "criaturas" estão convidadas a ir à Suíça, vários nomes são perfeitamente desconhecidos para você, como por exemplo Elise Bülow, de Berlim, ou Elisabeth Brandes, de Hanôver. Para as qualidades espirituais, a que me parece mais adequada é Nathalie Herzen. Você se empenhou bastante na idealização da pequena Köckert de Genebra! Honra, glória e louvor! No entanto, ainda convém refletir sobre o assunto; e o patrimônio?[2]

Tendo em mente esses projetos de mudança radical de sua existência, Nietzsche se prepara para abandonar Sorrento, onde o calor começa a se tornar insuportável para ele. Assim é que escreve, na véspera da partida, ao seu fiel amigo Franz Overbeck, na Basileia:

> Minha saúde continua piorando, a tal ponto que devo ir embora logo, fico pregado na cama a cada três dias. Amanhã, parto de navio, quero tentar um tratamento em Pfäffers, perto de Ragaz. ... *Nem pensar* em retomar minhas aulas no outono: por isso, peço-lhe que me facilite um pouco a tarefa e me indique a quem (e a que título) devo dirigir meu pedido de *demissão*. Por enquanto,

isso permanece como um segredo *seu*, a decisão não me foi fácil mas a srta. von Meysenbug estima que é uma necessidade imperiosa. Não devo esperar ver o fim de minha doença antes de muito tempo, talvez anos. Sei que aflijo você com isso, mas não posso agir de outra forma.³

Nietzsche, portanto, deixa Sorrento em 7 de maio de 1877, apesar da opinião fortemente contrária de Malwida. Reinhart von Seydlitz e sua mulher o acompanham a Nápoles, onde o aguarda o navio para Gênova. Numa pequena agenda que lhe fora presenteada pela irmã, encontramos uma descrição concisa da viagem:

8 de maio. Partida de Sorrento. 9 de maio. *Mare molto cattivo*. 10 de maio. Viagem infernal no navio *Ancona*. 11 de maio. Brignole (van Dyck) novamente de pé. 12 de maio. 7h30, direção Milão – 12,90 *lire* – 12,10 *lire* – Milão às 6h – 4 *lire* 20 Chiasso 8h – Lugano 8h58. 13 de maio. Flügge diretor da agência central do correio de Rostock. 15 de maio. Dr. Dormann de Mayenfeld. – Pfäffers julho-setembro: 1 franco o desjejum – 2,50 fr meio-dia – 2-3 fr o quarto – 1 fr o banho – Noite [–] 8 centavos sem vinho. 23-24 de maio. Srta. de Meysenbug pede que eu use meu fez preto.⁴

E, numa longa carta de 13 de maio, podemos igualmente acompanhar o relato da viagem, tal como o filósofo a conta aos amigos:

Caríssima amiga,
Após madura reflexão, concluí que um cartão-postal, embora mais leve do que uma carta, não viaja mais depressa, de modo

que a senhorita deve se resignar a um longo relatório de minhas peregrinações ulisseias até o dia de hoje. Durante uma travessia marítima, a miséria humana atinge proporções terríveis e ao mesmo tempo, para falar a verdade, ridículas, do mesmo modo como às vezes pode me parecer ridículo ser maltratado pela dor de cabeça, quando o corpo, por sua vez, encontra-se em excelente saúde – em suma, hoje sinto-me de novo no estado de espírito do "enfermo feliz", ao passo que no navio eu tinha pensamentos mais sombrios e, pensando em suicídio, minha única dúvida era a de saber onde o mar era mais profundo, para não ser imediatamente repescado e ainda por cima ter de pagar como agradecimento aos meus salvadores uma pavorosa quantidade de ouro. Aliás, eu estava perfeitamente treinado nos piores tormentos do enjoo marítimo, desde o tempo em que as dores de cabeça só vinham me torturar de mãos dadas com violentas dores gástricas: era "uma lembrança de um tempo semidesaparecido". Contudo, a isso acrescentava-se o desconforto de precisar mudar de posição três a oito vezes por minuto, tanto de dia como de noite, e de ter sob o nariz os odores e as conversas de uma mesa de comilões, o que causa engulhos insuportáveis. No porto de Livorno, era noite, chovia: mesmo assim eu quis desembarcar, mas frias promessas do capitão me retiveram. No navio, tudo rolava para lá e para cá com grande estrépito, a louça pulava e ganhava vida, as crianças choravam, a tempestade uivava; "uma eterna insônia foi minha sorte", diria o poeta. O desembarque foi acompanhado de novos sofrimentos; embora inteiramente tomado pela minha atroz dor de cabeça, durante horas mantive sobre o nariz meus óculos mais fortes e desconfiei de todo mundo. Passei pela alfândega, mas me esqueci da coisa principal, isto é, de registrar minha bagagem para a ferrovia. Então, partimos rumo ao fabuloso Hotel National, com dois bandidos na banqueta que queriam a qualquer preço me fazer descer num albergue miserável; minha bagagem mudava continuamente de mãos e havia sempre um homem que ofegava à minha frente com minha mala. Por duas vezes me enfureci, apavorando o cocheiro, e o outro fugiu. Pode me dizer como cheguei ao hotel de Londres? Quanto a mim, não sei nada, mas afinal tudo foi *bem*, somente a entrada foi uma coisa terrível porque havia uma multidão de bandidos que queriam ser pagos. Eu me meti na cama imediatamente, e em que estado! Na sexta-feira, por volta do meio-dia, com um tempo cinzento e chuvoso, recuperei-me e fui à galeria do Palazzo Brignole; e, surpreendentemente, foi a visão daqueles retratos de família que me repôs inteiramente de pé e me devolveu o entusiasmo; um Brignole a cavalo, e no *olho* do possante corcel todo o orgulho dessa família, eis o que faltava à minha humanidade deprimida. Pessoalmente, dou mais importância a van Dyck e a Rubens do que a todos os pintores do mundo. Os outros quadros me deixaram frio, à exceção de uma Cleópatra moribunda de Guercino.

    E assim voltei à vida, e passei o resto do dia no hotel, *cheio de calma e de serenidade*. O dia seguinte me trouxe uma nova distração. Fiz toda a viagem de Gênova a Milão em companhia de uma agradabilíssima e jovem *ballerina* de um teatro milanês; Camilla *era molto simpatica*, oh, a senhorita deveria escutar meu italiano! Se eu fosse um paxá, iria levá-la comigo a Pfäffers, onde, sendo-me recusadas as ocupações intelectuais, ela poderia dançar para mim alguma coisa. De vez em quando, ainda me critico por não ter consagrado a ela pelo menos alguns dias em Milão. No entanto, segui para a Suíça, onde percorri de início um trecho da linha do Saint-Gothard, recentemente concluída, de Como a Lugano. Como cheguei a Lugano? Na verdade, eu não tinha a mínima vontade de vir, mas agora aqui estou. Quando transpus a fronteira suíça, sob uma chuva pesada, houve um relâmpago e um só trovão fortíssimo. Interpretei isso como um bom augúrio, e não quero dissimular que, quanto mais me aproximava das montanhas, melhor eu me sentia. Em Chiasso, minha bagagem partiu em dois trens diferentes, uma confusão pavorosa, e, como se isso não bastasse, a alfândega. Até meus dois guarda-chuvas tomaram direções opostas. Um bravo carregador veio então em minha ajuda e foi o primeiro que eu ouvi falar suíço-alemão, imagine que o escutei com certa emoção, logo percebi que vivo bem melhor entre suíços-alemães do que entre alemães. O homem se desdobrou por mim a tal ponto, corria de um lugar a outro com maneiras tão paternais – todos os pais são um pouco desajeitados –, que afinal todas as minhas coisas foram reunidas e eu retomei o caminho para Lugano. O veículo do Hôtel du Parc me aguardava; e, tendo chegado, comecei a exultar literalmente em mim mesmo, tudo estava tão perfeito, eu ousaria dizer que é o melhor hotel do mundo. Travei conhecimento com uma certa nobreza rural de Mecklemburg, é um tipo de alemão que me convém; à noite, assisti a um baile improvisado da mais inocente espécie; cem por cento de turistas ingleses, nada era mais divertido. Depois disso, desfrutei pela primeira vez um sono profundo e tranquilo, e esta manhã tenho à minha frente todas as minhas queridas montanhas, todas as montanhas de minhas lembranças. Aqui, chove há oito dias. Hoje, no correio, pretendo me informar sobre o estado das passagens alpinas.

No momento, ocorre-me que há anos eu não escrevia uma carta tão longa, e que a senhorita certamente terá dificuldade de lê-la [Malwida também tinha problemas de visão].

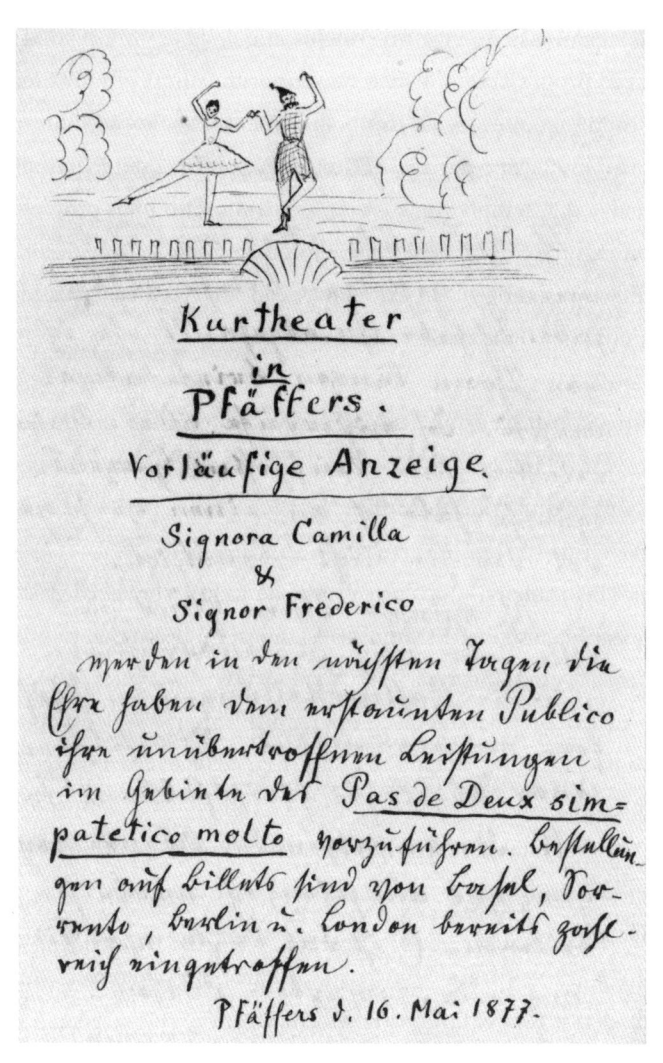

FIGURA 13 *"Teatro termal de Pfäffers*
Anúncio provisório
Signora Camilla & Signor Frederico terão nos próximos dias a honra de apresentar ao publico [sic] estupefato suas inigualáveis performances no domínio dos *Pas de Deux simpatetico molto* [sic]. Reservas de ingressos já chegaram em grande número da Basileia, Sorrento, Berlim e Londres. Pfäffers, 16 de maio de 1877"

Mesmo assim, veja no simples *fato desta carta* um sinal dos meus progressos. ... Penso na senhorita com profunda afeição, a todo instante; recebi um belo presente de afeição materna e não o esquecerei jamais. ... Cuide-se! Continue sendo para mim aquela que sempre foi, e eu me sentirei muito mais protegido e em segurança; pois às vezes me toma uma sensação de desolação tal que eu queria gritar. Com uma devoção reconhecida, Friedrich Nietzsche. Terceira narração de Ulisses.[5]

Em resposta à carta enviada a Malwida, Reinhart von Seydlitz escreveu a Nietzsche de Sorrento, anexando à sua carta um pequeno e divertido desenho:

Sem brincadeira, meu caro amigo, de todo o coração desejo-lhe alegria e coragem. Estamos todos encantados pelo bom humor que se lê em sua carta.
 Encanta-me a maneira como o caminho para os Alpes lhe sorri. É agradável estar no Hôtel du Parc, e eu o considero um excelente hotel.
 Por hoje chega, senhor filósofo despreocupado, e uma saudação calorosa de seu amigo Rinaldo, surpreso e divertido.

Malwida também respondeu à carta de Nietzsche, felicitando-o por ter recuperado o bom humor:

Caro amigo, como me alegra que sua carta de Lugano tenha seguido tão de perto seus cartões tão tristes de Gênova! O senhor tinha me mergulhado na mais viva inquietação a seu respeito – mas Calipso, que tão bem alegrava Ulisses em sua errância, me tranquilizou bastante. No futuro, se o senhor pensar de novo em suicídio, eu lhe gritarei: *Ché! Camilla è molto simpatica*, e o senhor deverá então recuperar sua calma, e ter *coraggio* e *pazienza*. Seydlitz me mostrou ontem uma ilustração muito bonitinha evocando o acontecimento, e que certamente o divertirá muito.[6]

Mas os manuscritos do filósofo nos contam outra história, à qual Nietzsche não faz nenhuma alusão na correspondência com seus amigos. Mazzino Montinari escreveu: "A vida de Nietzsche são seus pensamentos, seus livros. Nietzsche é um exemplo raro de concentração mental, de exercício cruel e contínuo da inteligência, de interiorização e de sublimação de experiências pessoais, das mais excepcionais às mais banais, de redução daquilo que comumente é chamado de 'vida' a 'espírito', essa palavra entendida no sentido do termo alemão '*Geist*', que é entendimento-razão-inteligência, e também interioridade ou espiritualidade (mas não misticismo ou *Seele*, alma)."[7] Se a vida de Nietzsche são seus pensamentos, o verdadeiro evento biográfico que resume a significação filosófica desta primeira viagem ao sul está encerrado em algumas frases traçadas a lápis numa das cadernetas que o acompanhavam durante essa travessia marítima. Embora, em Sorrento, se tivesse orientado para a aceitação da vida e conservasse na memória as palavras de Spinoza que citamos na introdução ("O homem livre em nada pensa menos do que na morte, e seu saber não é uma meditação sobre a morte, mas sobre a vida"), ele ainda tinha um longo caminho a percorrer. Os papéis de Sorrento que ele carrega na mala e o projeto de um novo livro ainda sem título são uma promessa de liberdade, mas também uma tarefa imponente. Ele encontraria algum dia a força e a coragem de escrevê-lo e publicá-lo? Não seria mais simples desistir? Uma travessia de navio é suficiente para suscitar a dúvida sobre o valor da vida, e quando, ao amanhecer, surgem as luzes do porto de Gênova, vêm-lhe palavras mais sombrias do que aquelas enviadas na carta:

> Anseio pela morte, como aquele que, tendo enjoo marítimo e vendo às primeiras horas da madrugada as luzes do porto, sente anseio pela terra.

Tal pensamento aflora em uma caderneta escrita em terra firme, em Gênova, provavelmente no dia seguinte, e na mesma página encontra-se outra breve anotação:

> Som de sino ao anoitecer em Gênova – melancólico, pavoroso, infantil. Platão: nada do que é mortal é digno de grande seriedade.[8]

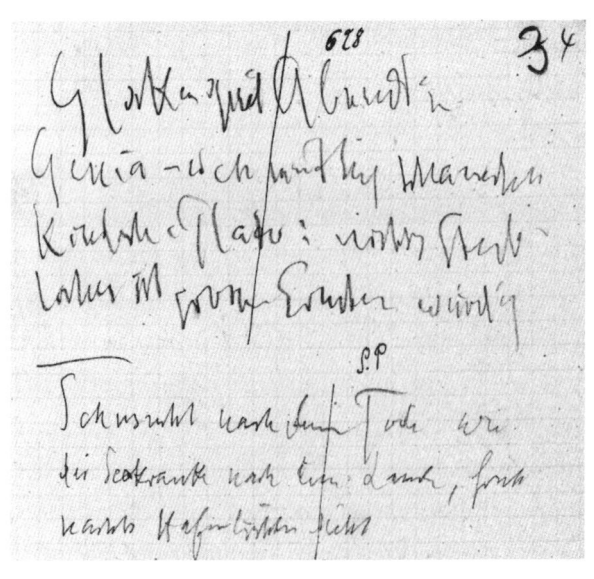

FIGURA 14 Nietzsche, caderneta N II 2, p.4

Caminhando pelas ruas de Gênova na hora do crepúsculo, Nietzsche havia escutado um som de sino vindo do alto de um campanário. Em um instante, as lembranças do filho do pastor, a erudição do filólogo e a reflexão do filósofo se fundem numa experiência de pensamento que o transtorna profundamente. A página desta caderneta guarda o primeiro vestígio escrito disso.

Epifanias

Os sinos de Gênova são uma epifania nietzschiana. Na cultura grega, *epifania* significava a manifestação (ἐπιφάνεια) de uma divindade, mais precisamente os sinais pelos quais uma divindade invisível manifestava sua presença: visões, sonhos, milagres. Dentre os cristãos, o termo é empregado depois, a partir do século III, para designar a celebração das principais manifestações da divindade de Jesus Cristo (batismo, adoração dos magos, primeiro milagre), limitando-se em seguida, na Igreja ocidental e na tradição popular, a designar exclusivamente a vinda dos magos. No mundo contemporâneo, James Joyce utilizou o termo epifania em um sentido particular para referir-se àqueles momentos de intuição repentina nos quais o sentido de um objeto se revela ao sujeito cognoscente, ou então quando um acontecimento reanima uma lembrança amortalhada na memória que vem se manifestar em todos os seus detalhes e com todas as emoções ligadas a ela. Na evolução de sua poética e de seus projetos literários, o conceito de epifania empregado por Joyce conheceu várias modificações e definições. Numa coletânea de epifanias datada de 1900, estas se apresentam sob a forma de brevíssimas composições autônomas, de caráter dramático ou narrativo, que põem em cena ou rememoram um momento significativo de sua existência em que "o espírito da beleza o tinha envolvido como num manto."⁹ Mais tarde, em sua primeira experiência de romance (*Stephen Hero*, 1904), ele acrescenta uma explicação teórica do conceito de epifania:

> Por epifania [Stephen] entendia uma repentina manifestação espiritual, quer no prosaísmo da linguagem ou do gesto, quer numa fase memorável da atividade do próprio espírito. Ele estimava que cabia ao homem de letras destacar essas epifanias com um cuidado extremo, considerando que elas são momentos evanescentes e muito frágeis. Disse a Cranly que o relógio do Ballast Office podia produzir uma epifania. ... "O quê?" "Imagine que meus olhares na direção desse relógio são como as apalpadelas de um olho espiritual que procura ajustar sua visão com nitidez. Quando a imagem está nítida, o objeto é epifanizado. É precisamente no momento dessa epifania que eu encontro o terceiro, o supremo estágio da beleza."[10]

O terceiro estágio da beleza se refere à doutrina estética de Tomás de Aquino: *Ad pulchritudinem, tria requiruntur: integritas, consonantia, claritas* ("Três são as condições da beleza: integridade, harmonia e esplendor"):

> Durante muito tempo, não consegui compreender o que o aquinates queria dizer. Ele emprega um termo figurativo (o que lhe é incomum), mas acabei por chegar lá. *Claritas* é *quidditas*. Após a análise que descobre a segunda qualidade, o espírito opera a única síntese lógica possível e descobre a terceira qualidade. Esse é o momento que eu denomino epifania. Primeiro nós descobrimos

que o objeto é *uma* coisa integral, depois reconhecemos que é uma estrutura compósita organizada, na verdade uma *coisa*: por fim, quando a relação entre as partes é perfeita, quando as partes se ajustaram como convém, reconhecemos que ela é *esta* coisa que é. Sua alma, sua identidade jorra para nós a partir do exterior de sua aparência. A alma do mais comum dos objetos, cuja estrutura é tão ajustada, aparece-nos fulgurante. O objeto realiza sua epifania.[11]

Em vez de retomar uma concepção escolástica, o conceito de epifania remetia na realidade às palavras que concluem estudo de Walter Pater, *O renascimento*, com seu elogio do esteta que busca desfrutar de cada momento de perfeição e tornar absoluto o instante fugidio. Ele se inseria numa estética do instante que se expandirá nos primeiros anos do século XX entre autores como Marcel Proust, David Herbert Lawrence, Virginia Woolf, Thomas Stearns Eliot. Se o conceito viera de Pater no contexto do fim do romantismo e do início do simbolismo, Joyce havia encontrado o termo epifania em *O fogo* de D'Annunzio, cujo primeiro capítulo se intitula justamente "Epifania do fogo".[12]

Na reescritura de seu romance sob o novo título de *Retrato do artista quando jovem*, mesmo conservando a equivalência entre *claritas* e *quidditas*, Joyce já não utiliza o termo epifania, e, para explicar a coloração desse instante misterioso, emprega duas comparações, uma extraída de Shelley e outra de Galvani.[13] A partir de 1904, as epifanias são concebidas por Joyce não mais como composições autônomas, mas como elementos de construção, simples notas que em 1909 serão classificadas em um repertório alfabético, organizadas por assunto e preparadas para serem utilizadas no *Retrato* e depois em *Ulysses*. No terceiro capítulo de *Ulysses*, enquanto caminha e medita na praia de Sandymont, Stephen ironiza sobre suas epifanias de juventude: "Você se lembra de suas epifanias sobre folhas verdes de forma oval, profundamente profundas, exemplares a enviar, em caso de morte, a todas as grandes bibliotecas do mundo, Alexandria inclusive?"[14] *Finnegans Wake* marca um retorno à epifania, projetada à escala da obra inteira, tornada em si mesma uma única e "gigantesca epifania da linguagem humana" que utiliza a deslocação locutória, ou "deslocução", para produzir um distanciamento e permitir observar com um novo olhar não tanto as coisas quanto as palavras. O romance termina com o apocalipse da epifania, ou *Apophanype*. No quarto e último livro, o Apocalipse do Novo Testamento de Joyce, está escrito: "*Wrhps, that wind as if out of norewere! As on the night of the Apophanypes!*"[15]*

NIETZSCHE NÃO UTILIZOU o termo epifania em suas obras, mas nós o utilizaremos enquanto conceito crítico para compreender certo número de particularidades da gênese e da estrutura de sua escrita filosófica. Embora não tenha empregado a palavra, Nietzsche era bem consciente de que nossa existência é pontuada por momentos de significação intensa, e de que esses momentos representam as modulações mais significativas na sinfonia da vida:

> *A respeito dos ponteiros das horas no relógio da vida.* A vida consiste em raros momentos isolados de significação intensa e em incontáveis intervalos durante os quais, no melhor dos casos, as

---

* Em tradução livre para português: "Wrhps, aquele vento como que vindo de lugar nenhum! Como na noite do Apofanipse!

sombras desses momentos continuam flutuando ao nosso redor. O amor, a primavera, uma bela melodia, a montanha, a lua, o mar – tudo só fala verdadeiramente uma vez ao nosso coração, se é que consegue falar. Mas numerosos são os homens que não conhecem tais momentos e que são eles mesmos esses intervalos e essas pausas na sinfonia da vida real.[16]

Nas cadernetas do filósofo encontra-se às vezes o rastro dessas epifanias. São epifanias biográficas, como quando Nietzsche rememora a primeira vez em que, criança, perto do riacho de Plauen, viu borboletas ao sol da primavera; ou quando anota, em uma caderneta minúscula, uma série de *memorabilia* que fala dos dias felizes de sua vida, que reanimam o sentimento da perda da infância ou evocam a voz severa de seu pai.[17] As epifanias biográficas são raras nos escritos de Nietzsche. O filósofo se sentia "como que transfixado pela flecha de curare do conhecimento" e os acontecimentos mais importantes de sua vida eram na realidade seus próprios pensamentos.[18] As verdadeiras epifanias nietzschianas falam portanto de filosofia, são epifanias do conhecimento, curtos-circuitos mentais que por uma centelha resolvem um problema filosófico ou abrem novas perspectivas associando conceitos aparentemente afastados. Certas epifanias são particularmente importantes porque anunciam uma guinada, assinalam como que um sobressalto da reflexão e imprimem uma aceleração ao desenvolvimento já muito rápido do pensamento de Nietzsche. As epifanias filosóficas nietzschianas podem portanto ser utilizadas como um instrumento heurístico dentro de uma perspectiva genética, como o sinal de uma forte perturbação emotiva provocada pelo nascimento de um novo roteiro cognitivo. Seguir as epifanias pode nos ajudar a descobrir o movimento às vezes subterrâneo do pensamento do filósofo e compreender-lhe as profundas mudanças. Nem todas as epifanias marcam uma guinada, mas todas as metamorfoses da filosofia de Nietzsche são precedidas ou acompanhadas por uma epifania.[19]

Mas quais são o estatuto e a forma da epifania na filosofia de Nietzsche? Primeiramente, convém esclarecer que as epifanias nietzschianas não estabelecem nenhum tipo de relação "vertical". O que aparece ao sujeito não é uma qualidade transcendente do objeto, sua essência, sua *quidditas*, nem mesmo seu sentido profundo. Na ontologia nietzschiana, as essências não existem, e tampouco o sentido original das coisas; os objetos do nosso mundo são formas em movimento contínuo e, mesmo nos períodos de relativa estabilidade, o sentido deles muda continuamente: "A forma é fluida, mas o 'sentido' o é ainda mais."[20] Portanto, de um ponto de vista gnosiológico, as epifanias nietzschianas não são instantes de iluminação mística, expressões de um conhecimento não racional em que se manifesta uma dimensão ontologicamente diferente, à qual o sujeito inspirado teria acesso privilegiado; elas são, ao contrário, a concentração e a condensação, numa imagem ou num conceito, de múltiplos conhecimentos racionais. As epifanias nietzschianas são momentos nos quais se manifesta de repente ao filósofo toda a fecunda riqueza semântica de um evento, de um objeto ou de um conceito.

Em nossa opinião, elas apresentam três características. Em primeiro lugar, são *encruzilhadas de significação*, porque, longe de estabelecer uma relação vertical com as essências, são o ponto de encontro de uma relação horizontal de linhas de pensamento que provêm de contextos diferentes. São instantes em que o sujeito vê confluírem, numa só figura mental que as resume, as teorias filosóficas, as experiências pessoais ou as imagens literárias que o ocupam em um certo período. Em segundo lugar, as epifanias, embora não tenham transcendência, têm uma profundidade, uma *profundidade histórica*. Ao lado das linhas semânticas que nascem da atualidade de sua reflexão, manifestam-se ao espírito do filósofo as múltiplas estratificações do sentido que constituem a história do objeto, isto é, as conotações que foram dadas a esse objeto através da literatura, da arte, da filosofia ou do simples uso linguístico (metáforas, metonímias). E, por fim, o filósofo tem a intuição da *potencialidade semântica* do evento epifânico. De fato, a terceira característica importante das epifanias nietzschianas é que elas são instrumentos para produzir sentido. No momento da epifania, o filósofo compreende que pode reunir e fundir vários elementos de uma tradição cultural em uma só imagem, que se torna portadora e sobretudo geradora de sentido – como um cadinho que já acolheu numerosas significações e que ainda é suficientemente vasto e maleável para permitir a criação de um sentido novo que se acrescenta aos estratos preexistentes e modifica o sentido da tradição, às vezes subvertendo-a ou parodiando-a. Resumindo: no momento da epifania, o sujeito tem a intuição da capacidade do objeto para se tornar símbolo de uma visão do mundo graças a uma convergência de significações múltiplas que de repente se condensam de maneira coerente numa imagem. Além disso, ele toma consciência de que o objeto, através de toda uma tradição literária, filosófica, artística, foi investido por contribuições de sentido que constituem doravante não sua *quidditas*, mas sua profundidade histórica. E por fim, com o tecido de correlações existentes, manifestam-se ao filósofo a vitalidade e a potencialidade semântica da imagem epifânica, que possibilitam o reemprego e a reinterpretação dela em um novo contexto filosófico.

A partir dessas observações, compreende-se o quanto a epifania nietzschiana é diferente da epifania joyciana. Há uma diferença de *estatuto*, porque a epifania nietzschiana é equidistante da *quidditas* de Dedalus e do lugar-comum de *Ulysses*: ela não exprime a essência do objeto e tem um valor semântico mais rico do que uma série de lugares-comuns. Além disso, notam-se certas diferenças de *função*. Para o escritor, a epifania é um quadro congelado que revela a "estase luminosa e muda do prazer estético", ao passo que, para o filósofo, a epifania é a impulsão para um novo movimento do pensamento. Em Joyce, a epifania é uma estratégia estilística, voltada para a construção do texto literário. Em Nietzsche, ao contrário, a epifania é uma experiência privada, que dá origem a um novo roteiro cognitivo, mas que em seguida não é necessariamente utilizada na escrita do texto filosófico, que não encerra tanto o momento epifânico inicial quanto os conhecimentos e os conteúdos filosóficos que foram extraídos dele. Por conseguinte, muitas vezes as epifanias nietzschianas permanecem confinadas às cadernetas e não aparecem da mesma forma no texto publicado. A epifania é um sinal luminoso que percebemos nos papéis do filósofo e que nos revela a importância de uma imagem ou de um tema filosófico. Portanto, seguir o rastro das epifanias nos permite reconstruir a gênese do texto nietzschiano e compreender melhor as evoluções de sua filosofia e a importância de certos conceitos fundamentais que em seguida reencontraremos, frequentemente privados do aspecto epifânico, publicados sob a forma de puros conceitos filosóficos. A epifania é um instrumento interpretativo que serve para esclarecer o movimento do texto do filósofo.

O valor das coisas humanas

Voltemos agora à epifania genovesa para analisar os elementos que a compõem.

> *Glockenspiel Abends in Genua – wehmütig schauerlich kindisch. Plato: nichts Sterbliches ist grossen Ernstes würdig.*
> Som de sino ao anoitecer em Gênova – melancólico, pavoroso, infantil. Platão: nada do que é mortal é digno de grande seriedade.

Pelo menos três níveis semânticos se mesclam nesta iluminação repentina: um nível biográfico, um nível literário e um nível mais propriamente filosófico. No nível biográfico, o som dos sinos, que escande as horas do dia e acompanha os ofícios religiosos, havia feito reemergir um fluxo de lembranças das profundezas da alma de Nietzsche, filho do pastor da aldeia de Röcken ("Como planta, nasci perto do cemitério; como homem, num presbitério"[21]). Nas autobiografias e nos poemas de juventude, encontram-se numerosos vestígios da forte impressão que o som dos sinos produzia nele, frequentemente evocada com termos semelhantes aos da epifania genovesa. Em 1858, Nietzsche, com quatorze anos, descreve a época feliz de sua infância na aldeia de Röcken, da qual o campanário e o carrilhão constituem a representação visual e sonora, associada à imagem do pai e ao papel deste na comunidade. São lembranças antigas e profundas, que explicam por que, no som dos sinos, Nietzsche escuta toda a *melancolia* (um dos termos que encontramos na nota sobre os sinos) da infância perdida: "O que salta aos olhos, antes de qualquer coisa, é seu campanário recoberto de musgo. Ainda recordo muito bem uma vez em que eu ia com meu amado pai de Lützen para Röcken, e no meio do caminho ouvimos os sinos tocarem solenemente à ocasião das festas de Páscoa. Esse som repercute com muita frequência em mim e a melancolia me reconduz de imediato à longínqua e querida casa paterna. Como o cemitério está vivo em minha memória! Quantas vezes me interroguei, ao ver os velhos, velhos túmulos, sobre os ataúdes e o crepe negro, sobre as antigas inscrições funerárias e os sepulcros!"[22] Infelizmente, apenas um ano após essa feliz viagem, os sinos tocaram para acompanhar os restos mortais do pai de Nietzsche. Esse som, que representava a felicidade da infância, a casa, a família, passaria a ser associado ao *horror* à morte e à separação dos lugares caros ao seu coração: "Enfim, ao cabo de um longo período, o que se temia aconteceu: meu pai morreu. Até hoje, esse pensamento me toca profunda e dolorosamente"; "Em 2 de agosto, confiaram-se à terra os despojos mortais do meu pai amado. A prefeitura havia mandado preparar o túmulo. À uma hora da tarde começou a cerimônia, todos os sinos tocando. Oh, nunca seu repique surdo se apagará de minha memória sonora"; "Como me angustiou o enterro! O barulho surdo do dobre fúnebre me fez estremecer até a medula. De início eu me senti abandonado e órfão, compreendi que havia perdido o pai a quem adorava. ... Chegara para nós o tempo de deixar nosso querido lar. Ainda recordo muito precisamente o último dia e a última noite ali. Ao entardecer, eu ainda brincava com um grupo de crianças sem esquecer um só instante que era pela última vez. Depois, despedi-me delas, assim como de todos os lugares que haviam se tornado caros a mim. O sino do anoitecer ressoava melancolicamente acima dos campos. Uma semiescuridão se estendia sobre nossa aldeia, a lua havia nascido e nos olhava do alto de sua claridade pálida."[23] Nas cartas e nos poemas desse período, encontra-se igualmente essa associação entre o som dos sinos e a morte. Por exemplo, num poema de 1859 intitulado "Sino de vésperas": "As vésperas ressoam docemente para além dos campos. Ao meu coração, elas dizem que ninguém no mundo consegue jamais encontrar sua pátria bem-aventurada: que, mal saídos da terra, retornamos à terra. Esse eco dos sinos faz nascer em mim um pensamento: estamos todos a caminho da eternidade."[24] Aos dezesseis anos, aluno da prestigiosa Escola de Pforta, Nietzsche escreve à mãe no Dia dos Mortos: "Ontem às seis horas, ao som dos sinos, pensei muito na senhora e nas horas que passamos juntos ao longo dos últimos anos. Durante o serão foi cantado o ofício dos mortos, e foi lida em voz alta a vida dos antigos alunos de Pforta que nos precederam aqui e que já morreram."[25] Dois anos mais tarde, ele compõe um poema intitulado "A véspera do Dia dos Mortos", em que o som dos sinos na noite invernal desperta a lembrança dos parentes desaparecidos, adormecidos no fundo de seu coração. Ao som do sino os mortos acordam e convidam o jovem a ir ao encontro deles em seu gélido longo sono.[26] Sob o ponto de vista biográfico, portanto, o sentido dos sinos é *melancólico* e *infantil* porque nele ressoa o mundo da infância perdida; e é *pavoroso* porque está associado ao pensamento da morte. Os sinos transpassam o coração daquele que guarda a lembrança dos defuntos.

Essa experiência pessoal precoce é progressivamente filtrada por toda uma série de reminiscências literárias. Como se sabe, o dobre ressoa no célebre "Canto do sino" de Schiller: "Da catedral,/ grave e lúgubre,/ entoa o sino/ um canto fúnebre. Seus tristes golpes acompanham com seriedade/ a última viagem do peregrino."[27] E Goethe, no "Epílogo ao poema de Schiller *O canto do sino*", havia retomado essa imagem para lembrar a morte de seu amigo: "Escuto horríveis toques de meia-noite,/ sons tristes que se elevam pesados e lúgubres./ Será possível? Será realmente por nosso amigo?"[28]

Ao ler *Os dois Foscari* de Byron em 1861, Nietzsche fica impressionado pela figura do velho doge que morre de repente quando ouve o sino de San Marco anunciar a eleição de seu sucessor. Dois anos mais tarde, Nietzsche reutiliza essa imagem em um poema consagrado ao quinquagésimo aniversário da batalha de Leipzig para expressar a inquietação de Napoleão, que, ao ouvir soarem os sinos, pensa, como o velho doge, no fim de sua parábola política e na morte: "De Leipzig os campanários ressoam neste instante,/ um canto fúnebre pelo Dia dos Mortos ... Estão ouvindo, meus generais?/ O coração de um doge acabrunhado se partiu/ um dia pelo erro desse orgulhoso carrilhão! Meu coração também escuta um canto transtornante –/ ele deverá se partir? Deem-me conselho!"[29] Em suas cartas sobre o teatro francês, Heinrich Heine havia traçado a imagem sonora da morte empregando os mesmos termos da epifania nietzschiana: "No outono o barulho dos sinos é ainda mais sério [*ernster*], ainda mais pavoroso [*schauerlicher*], tem-se a impressão de ouvir a voz de um fantasma. Sobretudo durante um enterro o som dos sinos tilinta de maneira inenarravelmente melancólica [*wehmütigen*]; a cada toque, folhas amarelas doentes caem da árvore, e uma vez essa queda musical das folhas, essa imagem sonora da morte [*Sterbens*] me encheu de uma tristeza tão profunda que eu comecei a chorar como uma criança."[30] A alusão à seriedade, *Ernst*, do som dos sinos estava presente também nos já citados versos de Schiller, e retornava nas estrofes conclusivas em que o sino, do alto da torre da catedral, lembra a insignificância das coisas humanas ante a seriedade e a eternidade das coisas celestes: "Lá no alto, acima das ínfimas existências terrestres/ Irmão do trovão, ele deve mover-se no azul da abóbada celeste/ ... Que somente às coisas sérias e eternas/ Seja consagrada sua voz de bronze/ ... E enquanto o som vigoroso que dele emana/ Se enfraquece e desaparece aos nossos ouvidos/ Assim possa o sino ensinar/ Que tudo o que é mortal passa e não dura" (verso 403 seg.). Nesses exemplos ilustres, Nietzsche encontra um vocabulário comum e um *tópos* literário que lhe permitem expressar de maneira mais geral e compartilhada uma experiência que de início se limitava à esfera individual.

O terceiro elemento confere à epifania sua significação mais propriamente filosófica, aproximando a imagem biográfica e literária do sino, símbolo sonoro da morte e da fragilidade das coisas humanas, da desvalorização da existência expressada nas palavras de Platão. No sétimo livro de seu último diálogo, *As leis*, Platão fala da educação da juventude e propõe uma série de ensinamentos para tornar belos e vigorosos os corpos e as almas dos jovens. Trata-se daquelas práticas, daqueles usos e hábitos que formam uma espécie de *corpus* de leis não escritas e que representam o elemento de coesão de toda sociedade. Platão descreve os jogos, as punições, os tipos de ginástica e de música, distinguindo os que são mais adequados aos rapazes e às moças. Em seguida, como se experimentasse o peso de todo esse trabalho de regulamentação minuciosa de algo que em si não merece tanta dedicação, deixa-se levar a uma reflexão mais geral e escreve: "Na verdade, os assuntos dos homens não são dignos de ser tratados com tanta seriedade; mas convém levá-los a sério, ainda que isso não tenha nada de agradável." Depois ele se explica: "Afirmo que devemos nos ocupar daquilo que é sério, e não do que não o é. O divino, por sua natureza, é digno de seriedade, ao passo que o homem, como dizíamos, é apenas um brinquedo fabricado pelos deuses; e esse traço que lhe é próprio é a melhor coisa que existe nele. Convém portanto que todos, homens e mulheres, vivam de acordo com sua natureza e que desfrutem dos jogos mais belos."[31] Platão expressava o mesmo conceito num trecho de *A República*, mais tarde retomado por Schopenhauer em *Parerga e Paralipomena*: "Qualquer um, tendo sido penetrado pelos ensinamentos de minha filosofia, sabe que toda a nossa existência é uma coisa que de preferência não deveria ser, e que a suprema sabedoria consiste em negá-la e em repeli-la; este não baseará grandes esperanças sobre coisa alguma nem sobre situação alguma, nem perseguirá nada no mundo com empenho e não elevará grandes queixas a respeito de nenhum desengano, mas sim reconhecerá a verdade do que diz Platão (*Rep.* X, 604): οὔτε τι τῶν ἀνθρωπίνων ἄξιονμεγάλησσπουδῆς."[32] Graças ao testemunho de Albert Brenner, sabemos que em Sorrento, em dezembro de 1876, durante os serões de leitura, aquele pequeno grupo havia lido *As leis* de Platão.[33] E as palavras de Platão, "Tudo o que é humano não é digno de grande seriedade", se encontram igualmente, isoladas e enigmáticas, numa caderneta de Sorrento.[34] Mas já alguns meses antes de ir para Sorrento, quando ministrava aulas sobre os conceitos fundamentais da filosofia platônica na universidade, Nietzsche se interrogava em suas anotações pessoais sobre a validade de sua metafísica da arte: "Se Platão tivesse razão! Se o homem fosse um brinquedo nas mãos dos deuses! ... Se a existência não fosse mais do que um fenômeno estético! Então o artista não somente seria o homem mais sábio e mais razoável, e faria um só homem com o filósofo, mas teria uma vida fácil e leve e poderia dizer, com plena consciência, como Platão: as coisas humanas não são dignas de grande seriedade [*die menschlichen Dinge sind grossen Ernstes nicht werth*]."[35] Se Platão tivesse razão... Segundo *O nascimento da tragédia*, Platão *tinha* razão: o homem era um brinquedo nas mãos dos deuses, a existência só se justificava como fenômeno estético e o artista era o produto supremo da natureza. E podia-se aceitar que as coisas humanas não valessem nada, porque de todo modo existia outra dimensão, a dimensão metafísica, que justificava a vida. Mas, nesse fragmento de 1875, Platão já não tem razão. O fragmento se conclui afirmando que a arte serve justamente para transfigurar uma vida que não tem valor: "A existência da arte não demonstra justamente que a vida é um fenômeno antiestético, maléfico e sério? Atente-se mais uma vez para o que diz um verdadeiro pensador, Leopardi." O pessimismo de Giacomo Leopardi é agora, para Nietzsche, mais profundo do que o pensamento de Platão, por ser desprovido de ilusões transcendentes.[36] Não há dimensão metafísica que possa nos salvar do pessimismo e que nos permita desconsiderar a falta de valor das coisas humanas. Nada do que é humano tem valor, e o divino não existe.

Depois de Gênova, Nietzsche continua seu período sabático na aldeia de Rosenlauibad, nos Alpes berneses, para onde

leva apenas três livros: *As aventuras de Tom Sawyer*, de Mark Twain, *A origem dos sentimentos morais*, de Paul Rée, e *As leis*, de Platão. Para o filósofo perdido em suas reflexões, que desperta numa manhã de domingo numa pequena aldeia dos Alpes, o som dos sinos produz um efeito de distanciamento, como algo que vem de muito longe, como um fragmento de antiguidade e o resto de uma cultura já passada. E ele anota em sua caderneta: "De manhã os sinos da igreja nos Alpes bernenses – em homenagem a um judeu crucificado que dizia ser o filho de Deus." Dessa primeira impressão, extrairá em seguida o aforismo 113 de *Coisas humanas, demasiadamente humanas*: "*O cristianismo como antiguidade.* – Quando, numa manhã de domingo, ouvimos vibrarem os velhos sinos, nós nos perguntamos: será possível? Tudo isso por um judeu crucificado há 2 mil anos, que se dizia o Filho de Deus. Falta a prova de semelhante afirmação. – Sem dúvida alguma a religião cristã é em nossos dias uma antiguidade vinda de um tempo bastante recuado, e o fato de geralmente as pessoas darem crédito a essa afirmação – ao passo que se tornaram, por outro lado, tão severas no exame das asserções – talvez seja a peça mais antiga da herança. Um Deus que faz filhos em uma mãe mortal; ... alguém que manda seus discípulos beberem seu sangue; preces para obter milagres; pecados cometidos contra um Deus, expiados por um Deus; o medo de um além, cuja porta é a morte; a figura da cruz como símbolo, num tempo que já não conhece a significação e a vergonha da cruz – que vento arrepiante nos vem com tudo isso, como se saísse do sepulcro de passados antiquíssimos! Será possível que ainda se acredite em semelhante coisa?"[37]
Se os sinos de Gênova representavam o horror da morte e

o niilismo de Platão, nos de Rosenlauibad Nietzsche ouve ressoar o erro da fé e o platonismo dos pobres: o cristianismo.

Paremos um instante para elaborar um balanço provisório sobre o sentido da epifania genovesa. Nela, Nietzsche utilizou certos termos que, além de seu sentido literal, exercem também o papel de palavras-chave, de referências intertextuais precisas. O filósofo esperava que um bom leitor, um contemporâneo erudito, ao ler o termo "sinos", ouvisse as palavras de Byron, Goethe, Schiller, Heine, e que, lendo suas observações sobre a ausência de valor das coisas humanas, lhe viessem à mente Platão, Schopenhauer, Leopardi e a doutrina cristã. Em duas frases lançadas a lápis em sua caderneta, Nietzsche imprime o *tópos* literário dos sinos ao tema da desvalorização da existência contido nas palavras de Platão e os condensa em uma imagem simbólica à qual atribui um sentido filosófico preciso: o sino como símbolo extremo do pessimismo, do niilismo e do cristianismo. Embora isso não nos seja estritamente indispensável para a compreensão do texto, nós que viemos depois dele podemos ler aí também uma referência à infância de Nietzsche e à morte do pai, tais como narradas nos poemas e nos textos autobiográficos de juventude. Ademais, temos a possibilidade de acompanhar a reescritura dessas linhas nos cadernos de Nietzsche para procurar compreender não só como ele compôs essa imagem simbólica, mas também o sentido que pretende lhe conferir. Como veremos, Nietzsche reforçará ainda mais o campo semântico dessa imagem de duas maneiras: situando-a numa posição estratégica dentro da arquitetura textual e conceitual de suas obras e pondo-a em relação com outras imagens simbólicas.

Gêneses cruzadas

Tentemos portanto acompanhar o desenvolvimento e a maneira como essa epifania se enriquece de significações através de suas reescrituras. Em Roselnauibad, munido da lembrança da tradição literária, Nietzsche procura reformular em verso a intuição de Gênova. Essa reescrita poética está centrada nos três adjetivos recorrentes (melancólico, pavoroso, infantil) e introduz um jogo de palavras entre *Glockenspiel* e *Glockenernst*, "som de sino" (literalmente "jogo de sinos") e "seriedade dos sinos", mas por enquanto sem referência a Platão.

> Infantil e pavorosa e tão melancólica
> ouvi muitas vezes a melodia do tempo,
> pois bem, vejam, é sua ária que eu canto?
> Escutem, se o jogo de seu carrilhão
> não assumiu um tom sério
> ou então se não repercute
> como se viesse do topo do campanário de Gênova.
> Infantil e no entanto, ai de mim, pavoroso
> Pavoroso e melancólico.[38]

De volta à Basileia, Nietzsche trabalha na redação de seu novo livro, e a epifania dos sinos se mistura de novo às palavras sobre o desejo da morte. As duas anotações que se liam na mesma página da caderneta de Sorrento são copiadas numa folha, número 222 de um conjunto de folhas soltas destinadas a *Coisas humanas, demasiadamente humanas*; aquela que se refere aos sinos de Gênova é intitulada *Alles Menschliches insgesamt*, tudo o que é humano, e a que se refere ao suicídio *Sehnsucht nach dem Tode*, desejo da morte.

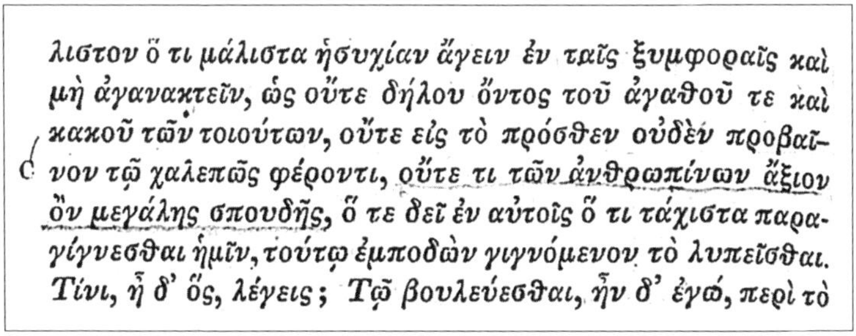

> λιστον ὅ τι μάλιστα ἡσυχίαν ἄγειν ἐν ταῖς ξυμφοραῖς καὶ
> μὴ ἀγανακτεῖν, ὡς οὔτε δῆλου ὄντος τοῦ ἀγαθοῦ τε καὶ
> κακοῦ τῶν τοιούτων, οὔτε εἰς τὸ πρόσθεν οὐδὲν προβαῖ-
> νον τῷ χαλεπῶς φέροντι, οὔτε τι τῶν ἀνθρωπίνων ἄξιον
> ὂν μεγάλης σπουδῆς, ὅ τε δεῖ ἐν αὐτοῖς ὅ τι τάχιστα παρα-
> γίγνεσθαι ἡμῖν, τούτῳ ἐμποδὼν γιγνόμενον τὸ λυπεῖσθαι.
> Τίνι, ἦ δ᾽ ὅς, λέγεις ; Τῷ βουλεύεσθαι, ἦν δ᾽ ἐγώ, περὶ τὸ

FIGURA 15 Exemplar de *A República*, de Platão, que pertenceu a Nietzsche, com a frase sobre o valor das coisas humanas sublinhada

Tudo o que é humano. Ao entardecer ouvi em Gênova um carrilhão vindo do campanário de uma igreja: foi algo tão melancólico, pavoroso, infantil, que senti o que Platão disse: "nada do que é humano é digno de muita seriedade".

Desejo da morte. Como aquele que tem enjoo marítimo anseia, do barco, desde as primeiras claridades da alvorada, pelo aparecimento da costa, de igual modo aspira-se com frequência à morte – sabendo que não se pode mudar nem o andamento nem a direção do barco.[39]

A diferença mais óbvia dessa reformulação é o uso do termo *Menschliches*, o que é humano, em vez do termo inicial *Sterbliches*, o que é mortal. Isso sugere que Nietzsche havia retomado o texto de Platão. E talvez tenha sido justamente nessa ocasião que ele sublinhou as palavras οὔτε τι τῶν ἀνθρωπίνων ἄξιον ὂν μεγάλης σπονδῆς em seu exemplar de *A República*.[40]

Na etapa genética seguinte, notam-se duas importantes modificações. O aforismo sobre o suicídio desaparece: não será transcrito e publicado por Nietzsche. Ao mesmo tempo,

Nietzsche acrescenta um final ao aforismo sobre os sinos, utilizando um termo conclusivo no qual se concentra o efeito pretendido pelo aforismo. Esse termo conclusivo é a conjunção adversativa *trotzdem* (porém, apesar de tudo, no entanto), que inclusive se torna o título do aforismo.

> *No entanto.* – Em Gênova, numa tarde à hora do crepúsculo, escutei os sinos carrilhonarem longamente do alto de uma torre; não paravam mais, e, por cima do ruído das ruas, vibravam com um som como que insaciável de si mesmo, que ia embora no céu vespertino e na brisa marinha, tão pavoroso, tão infantil ao mesmo tempo, de uma melancolia infinita. Então, lembrei-me das palavras de Platão e de repente as senti em meu coração: *Nenhuma das coisas humanas é digna de grande seriedade; e no entanto – –*[41]

Em vez de limitar-se a experimentar profundamente e a exprimir toda a angústia da depreciação do mundo, do erro, da morte, a angústia da condição humana ante a visão da eternidade atemporal tal como havia sido imaginada por Platão, pelo cristianismo e, através deles, por toda a tradição filosófica ocidental, Nietzsche destaca agora o desafio. Ele acrescenta um *trotdzem*: nada tem valor, tudo é vão, e no entanto... Destacar o desafio significa também renunciar ao suicídio, e isso explica por que a gênese do aforismo sobre a nostalgia da morte se interrompeu nesse momento preciso. A elaboração genética do outro aforismo, ao contrário, prossegue introduzindo uma última modificação textual e estrutural muito eloquente. De fato, no manuscrito enviado ao tipógrafo, esse aforismo sobre a vanidade das coisas humanas será intitulado *Epílogo* e colocado na última página de um livro que – não por acaso – se

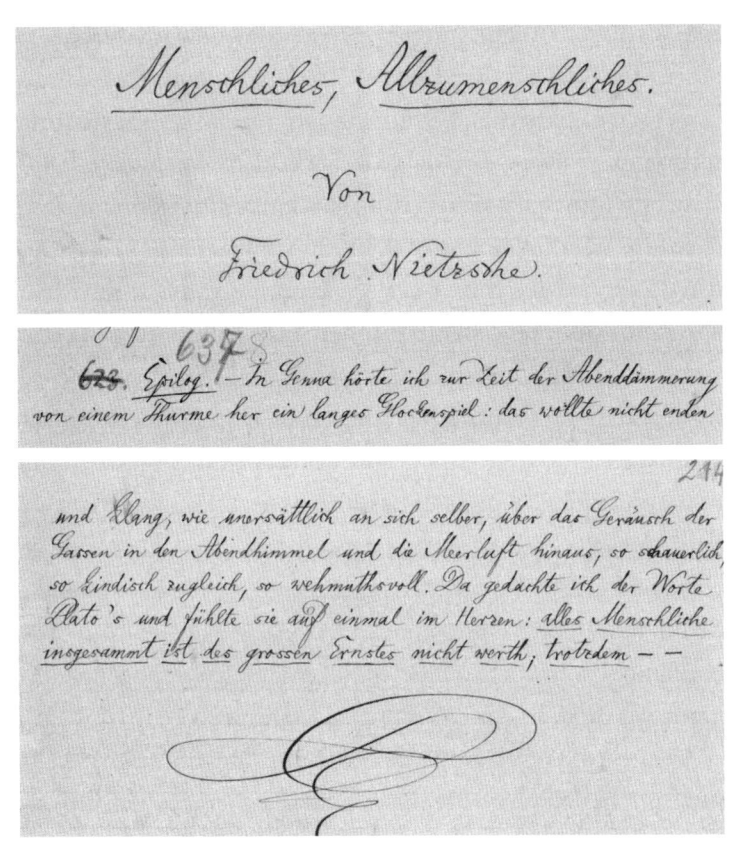

FIGURA 16 Manuscrito de *Coisas humanas, demasiadamente humanas* para o impressor, página de título e último aforismo

chamará *Menschliches, Allzumenschliches, Coisas humanas, demasiadamente humanas*.⁴² O aforismo e o livro sobre as coisas humanas terminam então por um adversativo que permanece em suspenso e que é seguido por dois *Gedankenstriche*, dois travessões. Na escrita de Nietzsche, esse sinal tipográfico corresponde a uma estratégia de reticência que serve para distinguir o conteúdo mais superficial do pensamento e do conteúdo mais profundo, e que convida o leitor a meditar mais sobre o aforismo. Tem, portanto, um efeito duplo: "de um lado, puxa o raciocínio para diante, anunciando que vai acontecer uma guinada repentina, e de outro o 'faz recuar', forçando o leitor a rever o que acaba de ler, ruminando-o e reinterpretando-o à luz dos novos elementos".[43] Os dois travessões situados no fim do último aforismo nos convidam, portanto, a reler não somente o aforismo como também o livro inteiro à luz dos sinos do niilismo, inserindo-o em um contexto de pensamento filosófico que remonta a Platão e a toda a tradição pessimista, e considerando que, no entanto, *trotzdem*, deve haver uma maneira de dar valor às coisas humanas. *Coisas humanas, demasiadamente humanas* trata precisamente disso. Nietzsche se coloca contra Platão, contra o pessimismo, e propõe os esboços de uma visão diferente: química das ideias e dos sentimentos, confiança na história e na ciência, epicurismo, inocência do devir, reavaliação das coisas mais próximas...[44]

As aventuras da gênese do aforismo sobre os sinos de Gênova ainda não terminaram. Durante a correção das provas, Nietzsche acrescenta dez aforismos antes do *Epílogo*, que na segunda prova passa do número 628 ao número 638 (cf. figura 17). Mas depois, no último instante, Nietzsche troca o aforismo 638 pelo 628, e assim o aforismo sobre os sinos perde sua posição final. Em consequência, Nietzsche muda também o título do aforismo, que de *Epilog* passa a se chamar *Spiel und Ernst*, "Jogo e seriedade" – alusão ao fato de que no aforismo ressoa um *Glockenspiel*, um "jogo de sinos" –, e em seguida, continuando no jogo de palavras, Nietzsche encontra o título definitivo: *Ernst im Spiele*, "Seriedade no jogo". Por que Nietzsche permuta esses dois aforismos? Adiantemos duas hipóteses:

uma, para confundir os rastros e tornar menos perceptível o efeito de eco entre o *Menschliches* do título e o do aforismo dos sinos. Isso pode parecer curioso, mas Nietzsche pratica e teoriza a ideia de construir simetrias para em seguida escondê-las e não as respeitar até o fim: "Meu estilo é uma dança, um jogo de simetria em todos os sentidos, e ao mesmo tempo o desprezo e a paródia a essas simetrias";[45] ou então, mais provavelmente, porque deseja terminar o livro com a imagem do sino do meio-dia em vez daquela do anoitecer. De fato, o último aforismo, intitulado "O viajante" (*Der Wanderer*), conclui-se com a imagem dos viajantes e dos filósofos que "sonham com aquilo que pode dar ao dia, entre o décimo e o décimo segundo toques de sino, uma face tão pura, tão penetrada de luz, tão jubilosa de claridade – eles buscam *a filosofia de antes do meio-dia*".[46] Desse modo, mesmo mantendo uma referência intertextual à imagem dos sinos, Nietzsche dá um caráter mais afirmativo ao final do livro, que remete ao *trotzdem* contido no aforismo 628 e ao mesmo tempo o reforça com uma imagem solar e matinal. Além disso, ele anuncia a imagem da errância intelectual e da filosofia da manhã que mais tarde encontrarão sua expressão em *O viajante e sua sombra* e em *Aurora*, assim como os temas da felicidade meridiana e da redoma* cerúlea que serão desenvolvidos em *Assim falou Zaratustra*.

Este último aforismo contém igualmente uma homenagem oculta, de ordem privada, à gestação sorrentina desse livro. De fato, nele se lê: "quando, no equilíbrio matinal da alma, passeia tranquilo sob as árvores, ele vê caírem aos seus

---

* Em francês, *cloche*, que também significa "sino". Na tradução para o português, perde-se o jogo entre os dois significados. (N.T.)

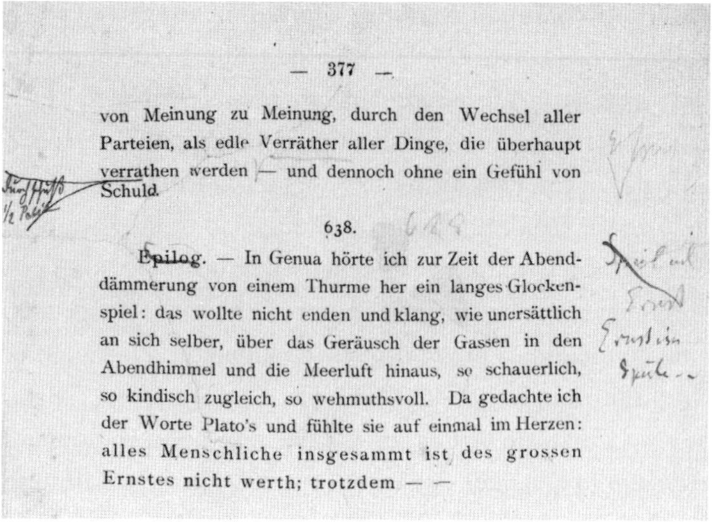

> — 377 —
>
> von Meinung zu Meinung, durch den Wechsel aller Parteien, als edle Verräther aller Dinge, die überhaupt verrathen werden — und dennoch ohne ein Gefühl von Schuld.
>
> 638.
>
> Epilog. — In Genua hörte ich zur Zeit der Abenddämmerung von einem Thurme her ein langes Glockenspiel: das wollte nicht enden und klang, wie unersättlich an sich selber, über das Geräusch der Gassen in den Abendhimmel und die Meerluft hinaus, so schauerlich, so kindisch zugleich, so wehmuthsvoll. Da gedachte ich der Worte Plato's und fühlte sie auf einmal im Herzen: alles Menschliche insgesammt ist des grossen Ernstes nicht werth; trotzdem — —

FIGURA 17 Prova do último aforismo de *Coisas humanas, demasiadamente humanas*

pés, das copas e das frondes, muitas coisas boas e claras, os presentes de todos os espíritos livres que estão em casa na montanha, na floresta e na solidão, e que, tanto quanto ele, à sua maneira ora jubilosa, ora refletida, são viajantes e filósofos."[47] Como não pensar, lendo essas linhas, na árvore de Sorrento da qual, como Nietzsche contava a Malwida, caíam-lhe na cabeça os pensamentos da filosofia do espírito livre (ver *supra* p.92)? Mesmo no capítulo "Nas ilhas bem-aventuradas" de *Assim falou Zaratustra*, retornará a imagem dos pensamentos de Zaratustra que caem das árvores, como figos maduros: "Os figos caem das árvores, são bons e doces; e, ao caírem, sua pele vermelha se rompe. Eu sou um vento do norte para os figos maduros. Assim, tais como os figos, estes preceitos caem aos vossos pés, meus amigos: bebei-lhes o sumo, comei-lhes a carne açucarada!

Ao redor é outono, e o céu está puro, e reina a tarde."[48] Aliás, já vimos (p.117) que, quando imaginava as ilhas bem-aventuradas, Nietzsche pensava na ilha de Ischia, que ele havia contemplado muitas vezes de Sorrento, da sacada da Villa Rubinacci.[49]

A redoma cerúlea da inocência

A imagem da redoma cerúlea também é antiga e remonta às primeiras leituras filosóficas de Nietzsche quando adolescente. Nas páginas de *Conduta para a vida* de Ralph Waldo Emerson, Nietzsche havia encontrado a descrição da redoma de vidro do horizonte celeste:

> Quando crianças, nós nos acreditávamos rodeados pelas linhas do horizonte como se estivéssemos sob uma redoma de vidro, e não duvidávamos de que poderíamos alcançar, caminhando sem interrupção, o lugar onde o sol e as estrelas mergulham no mar. Na realidade, o horizonte foge à nossa frente e nos deixa num vazio sem fim, que não é protegido por nenhuma redoma de vidro. Contudo, é espantoso com que força nos apegamos a essa astronomia da redoma, à imagem de um horizonte familiar que nos abraça e nos protege.[50]

O filósofo utilizará essa sugestão emersoniana para expressar sua doutrina da inocência do devir, comparando-a a uma redoma cerúlea que protege a vida contra as interpretações errôneas e nocivas da metafísica e da teleologia. A redoma celeste da imanência nos tranquiliza e nos devolve a serenidade de quem sabe que não existe nada fora de nosso mundo terrestre: nenhum deus, nenhuma dimensão metafísica, nenhuma vontade de viver schopenhaneriana; e que no devir não se manifestam nem a providência cristã, nem a racionalidade hegeliana, nem uma tendência, moral ou biológica, para um fim último, como adiantavam, ao contrário, os que eram considerados os maiores filósofos da época: Eduard von Hartmann, Eugen Dühring e Herbert Spencer. A doutrina da inocência do devir equivale a uma bênção do mundo, porque, se não existe dimensão metafísica ou teleológica, então a existência readquire todo o seu valor. No capítulo "Antes do nascer do sol" de *Assim falou Zaratustra*, o sábio persa explica o efeito de sua doutrina da imanência com estas palavras:

> Mas eis minha bênção: estar acima de todas as coisas como seu próprio céu, seu teto abobadado, sua redoma cerúlea e sua eterna segurança: bem-aventurado é aquele que abençoa assim! ...
> Na verdade, é uma bênção, e não uma blasfêmia, quando eu ensino: "Acima de todas as coisas mantém-se o céu acaso, o céu inocência, o céu 'por acaso', o céu temeridade."
> "Por acaso" – é a mais antiga nobreza do mundo, eu a restituí a todas as coisas, eu as libertei da servidão da finalidade.
> Coloquei sobre todas as coisas esta liberdade, esta serenidade celeste, como uma redoma cerúlea, no dia em que ensinei que acima delas e por elas não existe "querer eterno" que aja.[51]

Mesmo o sentimento de beatitude proporcionado por esse mundo perfeito em si, que não precisa tender a um fim ou obedecer a um princípio moral, expressa-se com imagens e palavras vindas de Emerson. Em seus *Ensaios*, Emerson havia descrito os momentos súbitos em que o mundo atinge a perfeição, e o homem, a felicidade: "Em quase todas as estações do ano, acontece que neste clima haja dias em que o mundo atinge a perfeição: quando o ar, os corpos celestes e a terra formam uma única harmonia, como se a natureza quisesse acariciar suas criaturas .... O dia, infinitamente longo, dorme sobre as vastas colinas e sobre os vastos campos banhados de calor." Nietzsche ficara impressionado por essa imagem e a retomara numa carta a Gersdorff: "Caro amigo, em certas horas de plácida contemplação considera-se a vida com uma mescla de alegria e de tristeza; essas horas se assemelham àqueles belos dias de verão que se instalam amplamente, à vontade, sobre as colinas, e que Emerson descreve tão bem: então, diz ele, a natureza atinge sua perfeição e, por nossa parte, escapamos ao feitiço lançado sobre nós por uma vontade sempre desperta, já não somos nada além de puro olhar, contemplativo e desinteressado." Nessa carta de juventude, Nietzsche interpreta a imagem de Emerson em termos schopenhauerianos, como um momento de calma da vontade de viver e de pura contemplação do sujeito cognoscente.[52] No capítulo "Ao meio-dia" a imagem retorna, depurada da interpretação schopenhaueriana e impregnada de um sentimento clássico de estupor repentino meridiano, unido à sensação de um instante de breve e intensa felicidade:

> Silêncio! Silêncio! O mundo não acaba de se tornar perfeito? Então, o que me acontece? ...
> Ó felicidade, ó felicidade! Queres cantar, ó minha alma? Estás deitada na grama. Mas esta é a hora secreta, a hora solene em que nenhum pastor sopra sua flauta.
> Cuidado! O ardente meio-dia dorme sobre as pastagens. Não cantes, pássaro dos prados, ó minha alma! Nem sequer murmu-

res! Olha, cala-te! O velho meio-dia dorme, move os lábios: não estará bebendo uma gota de felicidade –

– uma velha gota trigueira de felicidade dourada, de vinho dourado? Alguma coisa passa sobre ele, sua felicidade ri.⁵³

O canto noturno de Zaratustra

Em dois capítulos-chave da terceira e da quarta partes de *Assim falou Zaratustra*, a imagem do sino do niilismo, que havíamos encontrado no episódio genovês, também retorna. No capítulo "O outro canto da dança", penúltimo da terceira parte, o sino do niilismo aparece sob a forma de um velho bordão que soa à meia-noite e, como na caderneta de Gênova, essa imagem é associada ao desejo da morte. A vida se dirige a Zaratustra e, pensativa, diz-lhe docemente:

"Ó Zaratustra, não me és suficientemente fiel!

Estás longe de me amar tanto quanto dizes; sei que pensas em me deixar dentro em pouco.

Há um velho bordão, pesado, muito pesado: à noite, quando ele soa, seu ribombo sobe até tua caverna: –

– quando ouves esse sino soar as horas à meia-noite, pensas nisso entre a primeira e a décima segunda badaladas –

– tu pensas nisso, ó Zaratustra, eu sei que queres me deixar dentro em pouco!"

Mas desta vez, ante o sino do niilismo, Nietzsche não se contenta com formular uma tímida objeção, com acrescentar um *trotzdem*. Acabou encontrando a resposta às palavras de Platão. De início, ele a murmura ao ouvido da vida:

"Sim", respondi hesitante, "mas tu também sabes –", e disse-lhe ao ouvido, bem no meio, entre as madeixas louras, crespas e emaranhadas de seus cabelos.

"Tu *sabes* isso, Zaratustra? Mas ninguém o sabe. –"[54]

Em seguida Zaratustra enuncia, ou melhor, entoa sua resposta no ritmo das doze badaladas do sino do niilismo. Já não são as palavras de Platão que acompanham o som dos sinos ao crepúsculo, mas a ciranda de Zaratustra, nascida de uma dor e de uma alegria mais profundas, que faz contraponto ao velho bordão da meia-noite:

Um!
Ó homem! Atenção!
Dois!
O que diz a profunda meia-noite?
Três!
"Eu dormia, eu dormia."
Quatro!
De um sono profundo acordei:
Cinco!
O mundo é profundo
Seis!
E mais profundo do que o dia pensava.
Sete!
Profunda é sua dor
Oito!
O prazer – mais profundo do que a aflição:
Nove!
A dor diz: perece!

Dez!
Mas todo prazer quer a eternidade,
Onze!
Quer uma profunda, profunda eternidade!
*Doze!*⁵⁵

Zaratustra é o senhor do eterno retorno, e portanto a resposta a Platão é a doutrina do eterno retorno do mesmo. Contudo, isso é estranho, porque o eterno retorno é uma doutrina que expressa a forma extrema do niilismo e é o mais forte dos argumentos tradicionalmente utilizados pelos filósofos pessimistas para desvalorizar a existência terrestre e dirigir o olhar para o suprassensível, o eterno, o imutável. Pense-se no "nada de novo debaixo do sol", ou então no "tudo é vaidade" do Eclesiastes.⁵⁶ Ou no vendedor de almanaques de Leopardi, que só aceitaria reviver os anos vividos sob a condição de ter uma vida diferente.⁵⁷ Segundo Schopenhauer: "no fundo, talvez não se encontrasse um homem, chegado ao fim de sua vida, ao mesmo tempo sensato e sincero, para desejar recomeçá-la, e para não preferir, de longe, um nada absoluto"; e, condensando em uma frase seu pessimismo, ele acrescentava: "vão bater às portas dos túmulos e perguntem aos mortos se querem voltar à vida: eles balançarão a cabeça com um movimento de recusa."⁵⁸ Eduard von Hartmann consideraria a repetição do idêntico como a demonstração irrefutável da doutrina pessimista. Em um trecho central de sua obra, o capítulo intitulado "O caráter desproposital do querer e a miséria do ser", ele imagina que a morte pergunta a um burguês satisfeito e opulento se ele aceitaria reviver sua existência:

Imaginemos um homem que não é um gênio, e só recebeu a cultura geral de todo homem moderno; que possui todas as vantagens de uma posição invejável e se encontra na força da idade; que tem plena consciência das vantagens de que desfruta, quando se compara aos membros inferiores da sociedade, às nações selvagens e aos homens dos séculos bárbaros; que não inveja os que estão acima dele, e sabe que a vida destes é acometida por incômodos que lhe são poupados; um homem, enfim, que não está nem esgotado, nem estragado pelo gozo, tampouco oprimido por infortúnios excepcionais; suponhamos que a morte venha ao encontro desse homem e lhe fale nestes termos: "A duração de tua vida está esgotada; chegou a hora em que deves tornar-te presa do nada. No entanto, depende de ti decidir se queres recomeçar, nas mesmas condições, com o esquecimento completo do passado, tua vida que agora está acabada: escolhe!"

Duvido que nosso homem prefira recomeçar o jogo precedente da vida a entrar no nada.[59]

Nietzsche, por sua vez, havia retomado essa imagem na primeira formulação pública da doutrina do eterno retorno, o célebre aforismo 341 de *A gaia ciência*. Desta vez é um demônio que, insinuando-se um dia até a mais recôndita solidão do homem, perguntava a este se queria reviver a vida tal como a vivera. Segundo *A gaia ciência*, diante de tal questão duas atitudes são possíveis. A resposta habitual é uma recusa desesperada: "Não te lançarias ao solo, rangendo os dentes e maldizendo o demônio que falou assim?" Mas Nietzsche introduz também a possibilidade de uma aceitação do retorno: "Ou será que já viveste um instante prodigioso em que lhe responderias: 'És um deus, e eu jamais escutei nada mais divino!'".[60]

A gaia ciência nos diz precisamente isto: que Nietzsche entreviu a possibilidade de uma resposta afirmativa à pergunta do demônio. Em "O outro canto da dança" de *Assim falou Zaratustra*, Nietzsche se diverte fazendo a paródia de Schopenhauer, de Hartmann e de si mesmo, pois desta vez não são a vida, a morte ou um demônio que agitam o eterno retorno como um terrível espantalho diante do homem que vive agradavelmente, mas sim Zaratustra, desesperado e prestes ao suicídio, que anuncia à vida a doutrina do eterno retorno. Mas o que Zaratustra murmurou exatamente ao ouvido da vida "entre as madeixas louras, crespas e emaranhadas de seus cabelos"? Sem dúvida, não lhe assestou uma dissertação sobre as leis da termodinâmica e sobre as antinomias cosmológicas, sobre os argumentos que demonstram a plausibilidade filosófica e científica do eterno retorno do mesmo. Aliás, esses argumentos eram bem conhecidos pela cultura da época: o eterno retorno era uma das teorias que animavam o debate científico. Por exemplo, Ludwig Boltzmann, independentemente de Nietzsche, irá apresentá-la no final de suas célebres lições sobre a teoria cinética dos gases.[61] Mas não foi isso que Zaratustra descobriu. Zaratustra murmura à vida o sentido novo que o eterno retorno tem para ele. Confidencia à vida que viveu um instante prodigioso e que, por amor a esse instante, todas as coisas humanas têm agora para ele um valor prodigioso, porque todos os outros acontecimentos estão encadeados a esse instante e necessariamente retornarão junto com este.

Tal interpretação se confirma no penúltimo capítulo da quarta parte de *Zaratustra*, "O canto ébrio" – *pendant* de "O outro canto da dança", que é o penúltimo da terceira parte –, no qual se escuta de novo o sino da meia-noite. Após a festa do asno, vem "aquilo que nesse longo dia espantoso foi o mais espantoso": o homem mais feio, um dos homens superiores aos quais é consagrada a quarta parte do *Zaratustra*, revela ter aprendido a amar a vida e a desejar o eterno retorno desta. Ora, o objetivo principal de *Assim falou Zaratustra* é anunciar o pensamento do eterno retorno, mas esse anúncio é feito em várias etapas dispostas segundo uma progressão retórica precisa. O estilo narrativo permite que Nietzsche ponha em cena ao mesmo tempo o processo de amadurecimento de Zaratustra na assimilação do eterno retorno e os efeitos que essa doutrina produz sobre diferentes tipos humanos. Tal progressão não indica em nada uma mudança no conteúdo da doutrina,[62] mas sim expressa uma mudança do protagonista e de seus interlocutores. O pensamento do eterno retorno faz Zaratustra amadurecer lentamente, e o amadurecimento dele se produz por sua confrontação com diferentes maneiras de perceber a temporalidade circular, as quais correspondem a diferentes níveis de sentido histórico. Quanto mais desenvolvido é o sentido histórico, mais difícil é aceitar o eterno retorno. Os animais de Zaratustra, por exemplo, não têm medo do eterno retorno, pela simples razão de que não têm memória histórica. O homem mais feio, ao contrário, é a própria personificação do sentido histórico: ele conhece toda a dor e todo o absurdo da história humana e tem consciência da dificuldade que existe em suportar a repetição dessa sucessão de massacres e de esperanças frustradas.[63] E no entanto, após ter encontrado Zaratustra, o homem mais feio declara:

> Em nome deste dia – *eu*, pela primeira vez, estou contente por ter vivido durante toda a vida.

E dar testemunho disso não me basta. Vale a pena viver sobre a terra: um dia, uma festa em companhia de Zaratustra me ensinou a amar a terra.

"Seria *aquilo* – a vida!" Eis o que quero dizer à morte. "Pois bem! Mais uma vez!"

Justamente nesse momento o velho bordão começa a tocar a meia-noite e Zaratustra acompanha as doze badaladas recitando os versos comentados de sua ciranda. Também nesse caso, assim como no diálogo com a vida, não é preciso que Zaratustra em seu comentário exponha em detalhes o conteúdo de sua doutrina. Os homens superiores a conhecem. *Assim falou Zaratustra* buscou de preferência criar um contexto filosófico no qual o eterno retorno pudesse ser aceito não só pelos animais, como também pelas inteligências mais refinadas da época. Após as palavras do homem mais feio, os homens superiores "tomaram consciência, de repente, de sua metamorfose e de sua cura, e souberam quem lhes havia prodigalizado isso".[64]

Em seu comentário ao canto do sino, Zaratustra busca explicar como o símbolo mais forte do niilismo pode se transformar em afirmação da existência. "O canto ébrio" se compõe de doze parágrafos. No sexto, que tem função de viga mestra, quase imperceptivelmente as palavras e as imagens começam a se tingir de doçura e de felicidade. Nietzsche escreve: "Doce lira! Doce lira! Amo tua sonoridade de sapo embriagado! – que tua sonoridade venha de longe, de bem longe, dos charcos do amor." O leitor de *Zaratustra* percebe duas surpreendentes variações: a lira da repetição desesperadora tornou-se doce, e o sapo, que encarnava o mau agouro, embriagou-se e agora canta a partir dos charcos do amor. Vejamos por quê. O termo

Leier indica a lira, mas também a viela (*Drehleier*), antigo instrumento cujas cordas são postas em vibração graças a uma roda que gira constantemente, acionada por uma manivela. Na linguagem popular, *Es ist immer die gleiche Leier* significa que é sempre o mesmo estribilho, e essa frase presta-se bem a expressar a versão niilista do eterno retorno, o nada de novo sob o sol. Aliás, Schopenhauer, no parágrafo 50 de *O mundo como vontade e representação*, antes de se perguntar se os mortos gostariam de reviver sua vida, utilizava o termo *Leierstück*:

> Verdadeiramente, é difícil crer até que ponto é insignificante, vazia de sentido, aos olhos do espectador estrangeiro, até que ponto estúpida e irrefletida, da parte do próprio agente, a existência levada pela maioria dos homens ... . Eis os homens: relógios; uma vez montado, aquilo anda sem saber por quê; a cada concepção, a cada gestação, é o relógio da vida humana que se remonta, para retomar seu pequeno estribilho [*Leierstück*], já repetido uma infinidade de vezes, frase por frase, medida por medida, com variações insignificantes.[65]

Além de seu emprego no "Canto ébrio", *Leier* só é utilizado em outra parábola de *Zaratustra*: "O convalescente". Nessa parábola, os animais expõem a doutrina do retorno e Zaratustra os chama de *Drehorgeln*, realejos, e os recrimina por terem feito de sua doutrina um *Leier-Lied*, uma canção para realejo. Os animais então aconselham Zaratustra a fabricar para si uma nova lira (*Leier*), mas adequada aos novos cantos (*Lieder*) que ele deverá entoar: não mais a velha canção sobre nada de novo sob o sol, mas a da aceitação jubilosa do retorno. E é justamente com essa nova "doce lira" que Zaratustra canta sob as badaladas do bordão da meia-noite. Mesmo o termo *Unke*, literalmente "sapo sineiro" ou simplesmente "sineiro", só é utilizado em duas parábolas de Zaratustra. O sineiro é um pequeno anfíbio, semelhante a um sapo, que vive nos charcos, mas em alemão, num sentido figurado, o verbo *unken* significa ser pessimista, fazer mau agouro. Na parábola "Dos sacerdotes", Zaratustra havia escrito: "Eles pensaram viver como cadáveres e vestiram de negro seus cadáveres; e mesmo em seus discursos eu ainda sinto o odor nauseabundo das câmaras mortuárias. E quem vive perto deles vive perto de negros charcos dos quais se eleva o canto lugubremente adocicado do sapo sineiro."[66] Mas agora, depois que até o homem mais feio aceitou o retorno, o som da lira do mau agouro se torna suave e Zaratustra passa a amar sua sonoridade de sapo bêbado (*trunkenen Unken-Ton*), que já não vem dos charcos negros, mas dos charcos do amor.

O velho bordão da meia-noite também se transforma nesse sexto parágrafo de "O canto ébrio": "Ó tu, velho sino, doce lira. Cada dor te dilacerou o coração, a dor do pai, a dor dos pais, a dor dos ancestrais (*Vaterschmerz, Väterschmerz, Urväterschmerz*); tua palavra amadureceu." De novo aflora a dimensão biográfica, porque o sino é mais uma vez associado com a morte do pai, embora o seja em um sentido de valor histórico mais amplo. Mas a palavra, que amadureceu através da dor, já não quer morrer de desespero, e sim de felicidade (*vor Glück sterben*), porque, enquanto do antigo sino (*von altem Glocke*) ressoa a dor, um misterioso eflúvio se difunde rumo às alturas, como um perfume de eternidade que provém da felicidade antiga (*von altem Glücke*). Mais uma vez é sugerido que uma felicidade de outrora, um instante de profunda beatitude podem resgatar toda a dor, e que dor e felicidade, *Glocke* e *Glücke*, estão intimamente ligadas.

O parágrafo se conclui sobre a "ébria felicidade da morte de meia-noite" (*trunkenem Mitternachts-Sterbeglücke*) que canta: o mundo é profundo, e mais profundo do que o dia pensava! Para marcar essa passagem, Nietzsche compõe o termo *Sterbeglücke*, felicidade da morte, transformação de *Sterbeglocke*, o dobre fúnebre.[67] O sino da dor exprime agora uma felicidade mais forte do que a morte, enquanto a viela do insensato se torna doçura da repetição, doce lira da ciranda de Zaratustra.

O rascunho do parágrafo 9 nos revela por sua vez o quanto a lembrança da epifania genovesa ainda está presente em "O canto ébrio".[68] De fato, para comentar o verso da ciranda "A dor diz: 'Perece!'", Nietzsche havia escrito que a dor aspira à morte (*sehnsüchtig nach dem Tode*), retomando o título do aforismo genovês sobre o suicídio intitulado *Sehnsucht nach dem Tode*, desejo da morte, de que já falamos, na página 155.

Por fim, no décimo parágrafo de "O canto do ébrio", é formulado mais explicitamente o raciocínio adiantado pelo homem mais feio. Essa explicação retoma e transforma o sentido faustiano do instante. Goethe havia escrito:

Se eu digo ao instante:
Detém-te! És belo!
Então tu poderás me acorrentar,
então eu morrerei de bom grado,
então poderá ressoar o dobre fúnebre.[69]

Nota-se que nos versos de Goethe já se encontrava uma *Totenglocke*, um dobre fúnebre. Zaratustra responde assim a Fausto em seu comentário ao décimo toque do sino do niilismo:

Alguma vez já dissestes sim a um prazer? Ó meus amigos, então ao mesmo tempo dissestes sim a *toda* dor. Todas as coisas são encadeadas, emaranhadas, afeiçoadas umas às outras,
 – se já desejastes uma vez, duas vezes, se já dissestes: "Tu me agradas, felicidade! momento! instante!", então queríeis reencontrar *tudo*!
 – Tudo de novo, tudo eternamente, tudo encadeado, tudo emaranhado, afeiçoado, oh! assim vós *amáveis* o mundo,
 – vós os eternos, amai-o eternamente e por todo o tempo: e também à dor dizei: "Perece, mas volta!" *Pois toda alegria quer – a eternidade.*[70]

O eterno retorno é a resposta mais radical que se pode opor às teleologias filosóficas ou científicas, assim como à temporalidade linear da tradição cristã: no cosmo do eterno retorno, já não há lugar para a criação, a providência ou a redenção. Já não é possível deter ou orientar o tempo: cada instante foge, mas está destinado a retornar, idêntico – para nossa maior felicidade ou maior infelicidade. Mas então, *quem* poderia ter desejado viver novamente a mesma existência? Quem poderia se regozijar por retirar a flecha da mão do deus Cronos para passar o anel ao dedo da eternidade? Goethe buscava um instante ao qual fosse possível dizer: "Detém-te, és belo." Já Nietzsche espera um homem que possa dizer a *cada* instante: "Passa e retorna idêntico, por toda a eternidade."

Aqui se unem as duas imagens: o negro bordão da meia-noite e a redoma cerúlea, o sino azul, do meio-dia. E de fato no parágrafo 10 de "O canto ébrio", um pouco antes das palavras que citamos, pode-se ler: "Eis que meu mundo se tornou perfeito, meia-noite é também meio-dia."[71] O eterno retorno reúne assim o mundo perfeito e cumulado de felicidade do meio-dia e sua tranquilizadora redoma da imanência ao niilismo da meia-noite: se você tiver dito sim a um só instante de prazer, então também aquiesceu ao sino da meia-noite e a toda a dor que ele traz consigo. O dia é mais forte do que a noite, a afirmação o é mais do que a negação, o prazer mais do que a dor.[72] É por isso que a frase "o mundo é profundo, e mais profundo do que o dia pensava" é dita uma primeira vez quando Zaratustra fala da redoma cerúlea, no capítulo "Antes do nascer do sol", e depois é repetida na ciranda do bordão da meia-noite.[73]

Epílogo ao sino

Nossa história não acabou: há um epílogo, um epílogo ao canto do sino. Em 1885, Nietzsche projeta reescrever *Coisas humanas, demasiadamente humanas*, com vistas a uma edição de suas obras completas. O projeto não se concretizará, mas seus cadernos conservam as marcas desse trabalho. Numa de suas anotações, o filósofo retoma os temas principais de *Coisas humanas, demasiadamente humanas* e conclui com a exclamação seguinte:

IV Schluß: In *Genua*: Oh meine Freunde. Versteht ihr dieß "Trotzdem"? – –[74]*

Assim, Nietzsche mostra que está perfeitamente consciente de que o aforismo 628 é a verdadeira conclusão, *Schluß*, do livro, e que o sentido desse escrito se apoia justamente no desafio,

---

* "IV Conclusão: Em *Gênova*. Oh meus amigos. Compreendeis este 'no entanto'? – –" (N.T.)

naquele "no entanto", o qual, após a epifania genovesa, o autor lança à tradição platônica. Vimos que em *O nascimento da tragédia* as coisas humanas só tinham valor em relação à metafísica da arte, e que, quando não mais acredita na metafísica, Nietzsche deve dizer com Platão, ou melhor, com Leopardi, que nenhuma das coisas humanas é digna de valor. Mas em seguida o acréscimo de um *trotzdem* abre uma gama de possibilidades no interior de um ceticismo resignado mas atuante, que se interessa pelas coisas próximas e sustenta, com Epicuro, que algumas das coisas humanas têm valor. Até que, graças ao pensamento do eterno retorno do mesmo, todas as coisas humanas adquirem finalmente um imenso valor.

6. *Torna a Surriento*

NA LEMBRANÇA DA primeira temporada em Sorrento, Nietzsche pensa frequentemente em seguir o conselho de uma antiga canção italiana intitulada *Torna a Surriento*, "Retorna a Sorrento". Já em setembro de 1877, durante uma noite de insônia passada encantando-se com as adoráveis imagens da natureza sorrentina, ele se interroga sobre a possibilidade de viver nos altos da ilha de Capri, em Anacapri.[1] Durante o verão de 1879, Nietzsche ainda cogita passar o inverno nos arredores de Nápoles. Mas, ao saber que Wagner tem intenção de se estabelecer ali, o que realmente fará, a partir de janeiro de 1880, Nietzsche prefere desistir de seu projeto.

> Sobre meus projetos para o inverno, ninguém saberá de nada, exceto você. Os arredores de Nápoles me agradariam mais do que tudo (muitíssimos dias de sol, coisa primordial!), e numerosos passeios: em Veneza eles não existem, e a solidão me faz progredir mais do que a companhia de Köselitz ou de Rée, agora me dou conta – preciso apenas dispor de uma *enorme* variedade de passeios, como aqui [ele se encontra em Saint-Moritz]; mas, em desfavor de Nápoles, há a presença de Wagner.[2]

Em vez disso, deixa-se convencer a passar no norte, em Naumburg, "o inverno mais pobre em sol de toda a minha vida", o inverno durante o qual, gravemente enfermo, pela primeira vez se vê diante da morte. No outono de 1880, nova tentativa de reatar com o sul: Nietzsche vai a Gênova a fim de tomar o navio rumo a Castellammare di Stabia, perto de Nápoles, mas na última hora muda de ideia e prefere se estabelecer em Gênova. Nunca mais retornará ao golfo de Nápoles.

Talvez pressentisse que não poderia suportar a visão daqueles lugares aos quais tantas lembranças se associavam: as confidências de Wagner a respeito da eucaristia, a imagem do jovem Brenner agora morto de tuberculose, a amizade com Paul Rée rompida após o caso Lou von Salomé. Restava-lhe Malwida von Meysenbug, a boa amiga idealista que ainda esperava o retorno de Nietzsche à tranquilizadora metafísica do artista em ação em *O nascimento da tragédia* e que, enquanto isso, entre o *Maestro* de Bayreuth e o filósofo de espírito livre, solitário e errante, permanecia fiel... a Wagner. O filósofo e a velha condessa sabiam que uma nova temporada juntos já não era possível, mas ambos guardavam uma terna lembrança daquele período de felicidade em Sorrento.

Em 1887, dez anos após aquela única temporada – após ter desenrolado todo o fio dos pensamentos que haviam despertado nas encostas do Vesúvio, após haver elaborado a parábola do espírito livre e extraído dela as últimas consequências –, Nietzsche ainda se lembra, com prazer e com uma nostalgia muito particular, da libertação que sentira dentro da pequena comunidade da Villa Rubinacci, onde, pela primeira vez, tinha exercitado seus pulmões e sua inteligência no ar fresco e revigorante da filosofia do espírito livre.

Um novo inverno em sua companhia, com a senhora e talvez até com os cuidados atentos de Trina – eis de fato uma maravilhosa perspectiva pela qual eu jamais poderia lhe agradecer o bastante! De preferência, mais uma vez em Sorrento (δὶς καὶ τρὶς τὸ καλὸν, dizem os gregos: "A cada felicidade, são necessárias uma segunda e uma terceira vez!"). Ou então em Capri – onde eu ainda tocaria música para a senhora, e melhor do que na outra vez! Ou em Amalfi ou em Castellammare. Eventualmente, até em Roma (embora minha desconfiança quanto ao clima romano, e sobretudo contra as grandes cidades, seja baseada em boas razões e nada fácil de questionar). A solidão na natureza mais isolada foi até agora o meu reconforto, o meu remédio: com o tempo, as cidades da agitação moderna como Nice, e mesmo como Zurique (de onde acabo de chegar), me deixam irritadiço, triste, inseguro, estéril, doente. Dessa tranquila temporada *por lá*, guardei uma espécie de nostalgia e de superstição, como se, sem dúvida apenas por alguns momentos, eu ali tivesse respirado mais profundamente do que em qualquer outro lugar. Por exemplo, por ocasião daquele primeiro passeio de carruagem em Nápoles, que fizemos juntos rumo a Posillipo.[3]

Quando, durante o verão de 1900, a morte libertou dos sofrimentos o filósofo já alienado e enfermo, Malwida se encontrava justamente naquela região. Ela enviou a Weimar, como último adeus da terra das sereias, um ramo de louros de Sorrento.[4]

Vinte e três anos depois daquele inverno em que vivi com ele em Sorrento, de novo me vi passando o verão naquele lugar tão encantador. A lembrança daquela época retornou tão forte que o Nietzsche de então me pareceu perfeitamente vivo. Eu o revi flanando com risadas alegres pelas ruelas estreitas, rodeadas de muros, acima dos quais as laranjeiras misturavam seus ramos.

Escutei-o, tranquilamente sentado no meio do nosso pequeno círculo, fazendo os mais belos comentários às aulas de Jacob Burckhardt sobre a cultura grega, e percebi seu riso jubiloso ao ouvir os divertidos achados de nosso jovem companheiro Brenner ou o relato dos eventos cômicos ocorridos nas condições de vida outrora muito primitivas da pequena aldeia (que desde então se modernizou consideravelmente). A recordação tornou-se tão clara que eu precisei traçar a imagem do amigo tal como ele era desde o momento de nosso encontro até o fim da temporada em Sorrento. Foi então que, no jornal de 26 de agosto, tive oportunidade de ler o telegrama do dia 25 datado de Weimar, e algo exclamou em mim: Graças a Deus, o pesadelo acabou! Eis por que a imagem de Nietzsche se apresentou tão vivamente aos meus olhos durante todo esse período: a dura batalha está concluída: o heroico enfermo, o combatente fatigado pode agora encontrar repouso, e o primeiro Nietzsche vive para sempre, sorrindo com ternura, em sua harmonia original, tendo nos lábios a última palavra de todo verdadeiro filósofo: "Tudo o que é perecível não passa de um símbolo."[5]

Detendo-se ao primeiro Nietzsche, o de *O nascimento da tragédia*, Malwida busca exorcizar não apenas os dez anos da loucura mas também toda a filosofia do espírito livre, a verdadeira filosofia de Nietzsche, que ela jamais aceitara. Claro, os poetas e os metafísicos, de Parmênides a Goethe, costumavam imaginar que este mundo "que passa" não é mais do que um símbolo de algo que permanece eternamente, mas Malwida sabia perfeitamente que o poeta-profeta Zaratustra, paródia viva de todos os poetas e de todos os profetas, se expressara de maneira bem diferente quando, ao falar "sobre as ilhas bem-aventuradas" – ou seja, sobre a ilha de Ischia –, ensinara que tudo o que é *im*perecível não é senão um símbolo, e que os poetas mentem demais:

> Eu chamo de más e inimigas dos seres humanos: todas essas doutrinas sobre o Uno e o Pleno e o Imutável e o Saciado e o Imperecível!
> Tudo o que é imperecível – não é senão um símbolo! E os poetas mentem demais.
> Mas é do tempo e do devir que os melhores símbolos devem falar: eles devem ser louvor e justificação de tudo o que é perecível.[6]

Aos louros do poeta, Nietzsche preferiria o gorro do bufão, porque, se o poeta mente, o bufão diz, ou melhor, *ri* a verdade, uma verdade que fala do corpo e do devir. Mas sem dúvida isso era muito difícil de explicar à boa idealista Malwida ou mesmo a Elisabeth, a irmã de Nietzsche, teutônica e carola, que, após belos funerais cristãos, já se preparava para enterrar o filósofo do espírito livre junto à igrejinha de Röcken, onde ele nascera. Por que não em Sorrento, onde Nietzsche tinha vivido um novo nascimento? Ou na ilha bem-aventurada de Ischia?

Notas

Introdução (p.9-15)

1. Cf. *O nascimento da tragédia*, § 4 e 5 (eKGWB/GT-4 e 5) e, a autocrítica posterior que ele formula em *Assim falou Zaratustra*, I, "Dos trasmundanos", eKGWB/Za-I-Hinterweltler.
2. Nietzsche, *O nascimento da tragédia*, § 23 eKGWB/GT-23.
3. Cf. Sandro Barbera, *Guarigioni, rinascite e metamorfosi. Studi su Goethe, Schopenhauer e Nietzsche*, Florença, Le lettere, 2010, p.135 seg.
4. Cf. o fragmento póstumo eKGWB/NF-1879,40[11].
5. Fragmento póstumo eKGWB/NF-1879,40[9]. Ainda em 1885, quando reconsidera *O nascimento da tragédia*, Nietzsche fala de "um desejo de mito trágico (de 'religião' e até de uma religião pessimista) (enquanto redoma protetora na qual prospera aquilo que cresce)", eKGWB/NF-1885,2[110].
6. *Ecce homo*, capítulo sobre *Coisas humanas, demasiadamente humanas*, § 4 eKGWB/EH-MA-4.
7. Fragmento póstumo eKGWB/NF-1876,23[159].
8. Sobre a importância do período de Sorrento para a periodização da filosofia de Nietzsche, já me expressei anteriormente em "Système, phases diachroniques, strates synchroniques, chemins thématiques", in Paolo D'Iorio, Olivier Ponton (org.), *Nietzsche. Philosophie de l'esprit livre*, Paris, Rue d'Ulm, 2004, p.20 seg.
9. Fragmento póstumo eKGWB/NF-1875,5[190]; esse pensamento é generalizado no aforismo 619, eKGWB/MA-619.
10. *Ecce homo*, capítulo sobre *Coisas humanas, demasiadamente humanas*, § 3 eKGWB/EH-MA-3.
11. Fragmento póstumo eKGWB/NF-1876,19[68], fac-símile DFGA/U-II-5,57; Spinoza, *Ethica*, IV, 67.

1. Rumo ao sul (p.17-38)

1. Charles Andler, *Nietzsche, sa vie et sa pensée*, Paris, Gallimard, 1958, vol.II, p.273.

2. Cf. Nietzsche à sua irmã, em 28 de julho de 1876, de Bayreuth: "Minha viagem à Itália se organiza ainda melhor do que eu poderia desejar. O mar, a floresta e nas proximidades de Nápoles – é para isso que tendemos, talvez. Convém simplesmente esperar", eKGWB/BVN-1876,545.
3. Malwida von Meysenbug, *Der Lebensabend einer Idealistin*, Berlim, Schuster & Loeffler, 1898, p.44-5; cf. Nietzsche a Malwida, em 11 de maio de 1876, eKGWB/BVN-1876,523.
4. Como explica Renate Müller-Buck, "'Immer wieder kommt einer zur Gemeine hinzu.' Nietzsches junger Basler Freund und Schüler Albert Brenner", in T. Borsche, F. Gerratana, A. Venturelli (org.), *Centauren-Geburten. Wissenchaft, Kunst und Philosophie beim jungen Nietzsche*, Berlim-Nova York, Walter de Gruyter, 1994, p.430.
5. Sobre essa questão, ver o estudo do jurista Eduard His, in Eduard His, Hans Gutzwiller, *Friedrich Nietzsches Heimatlosigkeit. Friedrich Nietzsche Lehrtätigkeit am Basler Pädagogium 1869-1876*, Basileia, Schwabe, 2002.
6. Cf. as cartas a Overbeck de 20-21 de agosto de 1881 e 6 de dezembro de 1881, eKGWB/BVN-1881,139 e 176.
7. Nietzsche à mãe e à irmã, em 9 de outubro de 1876, eKGWB/BVN-1876,558.
8. Rée a Nietzsche, em 10 de outubro de 1877, KGB II/6/2, p.717.
9. Nietzsche à irmã, em 18 de outubro de 1876, eKGWB/BVN-1876,562.
10. A Wagner, em 27 de setembro de 1876, eKGWB/BVN-1876,556. Em sua autobiografia, Wagner conta que, após uma penosa viagem marítima entre Gênova e La Spezia, em setembro de 1853, ao buscar repouso em uma cama de hotel ele tivera a sensação de deslizar na água e que essa sensação se expressava pelo acorde de mi bemol maior em arpejos ondulantes. Isso resultou no embrião da abertura de *O ouro do Reno* e, portanto, de todo o ciclo de *O anel dos Nibelungos*; cf. Richard Wagner, *Mein Leben*, Munique, List, 1963, p.512.
11. Nietzsche à irmã, em 22 de outubro de 1876, eKGWB/BVN-1876,563.
12. Isabelle von Ungern-Sternberg, *Nietzsche im Spiegelbild seiner Schrift*, Leipzig, Naumann, 1902, p.26-30.
13. Ver os fragmentos póstumos eKGWB/NF-1870,5[1], [22], [41], [42]. Para a relação entre o gênio artístico e o gênio filosófico dentro da nova cultura de Bayreuth, remeto à introdução de F. Nietzsche, *Les philosophes préplatoniciens*, Combas, Éditions de l'Éclat, 1994, p.11-49.
14. Ver Vivetta Vivarelli, *Nietzsche und die Masken des freien Geistes, Montaigne, Pascal und Sterne*, Würzburg, Königshausen & Neumann, 1998; cf. igualmente David Molner, "The influence of Montaigne on

Nietzsche: A Raison d'Être in the Sun", *Nietzsche-Studien*, 21 (1993), p.80-93. Nietzsche possuía um belo exemplar dos *Ensaios* de Montaigne que lhe fora oferecido por Cosima e Richard Wagner no Natal de 1870, e que é conservado até hoje na Herzogin Anna Amalia Bibliothek de Weimar (código C 300): Michel de Montaigne, *Versuche*, Leipzig, Lankischens Erben, 1753, 3 volumes; cf. a carta de 30 de dezembro de 1870 a Franziska e Elisabeth Nietzsche, eKGWB/BVN-1870, 116.

15. Fragmentos póstumos eKGWB/NF-1876,16[8] e 16[28].
16. Aforismo 283 de *Coisas humanas, demasiadamente humanas*, eKGWB/MA-283, cujos rascunhos estão contidos na caderneta N II 1, p.48, DFGA/N-II-1,48.
17. Fragmento póstumo eKGWB/NF-1876,16[7].
18. Cf. fragmentos póstumos eKGWB/NF-1876,16[8], [9] e 17[74], [85]. Sobre essa temática, ver o estudo inovador de Olivier Ponton, *Philosophie de la légèreté*, Berlim/Nova York, De Gruyter, 2007.
19. Fragmentos póstumos eKGWB/NF-1876,16[33], [34].
20. *Coisas humanas, demasiadamente humanas*, aforismo 225 eKGWB/MA-225.
21. *Coisas humanas, demasiadamente humanas*, aforismo 230 eKGWB/MA-230.
22. Isabelle von Ungern-Sternberg, op.cit.
23. Nietzsche a Claudine von Brevern, 23 de outubro de 1876, eKGWB/BVN-1876,564.
24. Isabelle von Ungern-Sternberg, op.cit., p.30-1. Acates é um troiano, amigo fiel de Eneias, a quem acompanha nas viagens, inclusive à Itália (Virgílio, *Eneida*, I, 120).
25. *O viajante e sua sombra*, Diálogo, eKGWB/WS-[Dialog].
26. Cf. Georges Santi, "Mémoire sur les chameaux de Pise", in *Annales du Museum d'histoire naturelle*, n.18, Paris, 1811, p.320-30; Igino Cocchi, "Sur la naturalisation du dromadaire en Toscane", in *Bulletin mensuel de la société impériale zoologique d'acclimatation*, Paris, Masson, 1858, p.473-82; Giovanni R. Fascetti, *I cammelli di San Rossore*, Pisa, Giardini, 1991. Cf. Giuliano Campioni, Stefano Busellato e *Tra la Torre e i cammelli Nietzsche a Pisa*, Pisa, ETS, 2013.
27. Brenner à sua família, 25 de outubro de 1876. Treze cartas de Brenner enviadas de Sorrento estão conservadas nos arquivos de Estado da Basileia e foram publicadas parcialmente em Carl Albrecht Bernouilli,

Franz Overbeck und Friedrich Nietzsche, eine Freundschaft, Iena, Diederichs, 1908, vol.I, p.198-207, e em Ruth Stummann-Bowert (org.), Malwida von Meysenbug, Paul Rée, Briefe an einen Freund, Würzburg, Königshausen & Neumann, 1998, p.207-14; cf. Renate Müller-Buck, art. cit., p.425-7.
28. Malwida von Meysenbug a Olga Monod-Herzen, sábado, 28 de outubro de 1876, in Malwida von Meysenbug, Im Anfang war die Liebe. Briefe an ihre Pflegtochter, editado por Berta Schleicher, segunda edição, Munique, Beck, 1926, p.93.
29. Malwida von Meysenbug, Der Lebensabend einer Idealistin, op.cit., p.46-7.
30. Fragmentos póstumos eKGWB/NF-1881,12[142]; [177]; [181]; fac-símiles DFGA/N-V-7, 120, 80, 78. A citação que se encontra no primeiro fragmento é tirada, de maneira modificada e paródica, do Tristão e Isolda de Wagner (Ato II, cena II), em que os dois amantes, consagrados pela noite, se erguem contra os enganos do dia. Nietzsche, aliás, havia citado essa expressão nesse sentido em Richard Wagner em Bayreuth, § 4 (eKGWB/WB-4). A expressão retorna de maneira invertida em "O canto dos túmulos" de Assim falou Zaratustra, ver infra, p.74-5.

2. "A escola dos educadores" na Villa Rubinacci (p.39-77)

1. Cf. Benito Iezzi, Viaggiatori stranieri a Sorrento, Sorrento, Di Mauro, 1989.
2. De fato, Malwida já estivera em Sorrento em 24 de outubro, como anotou Cosima Wagner em seu diário: "Visita de Malwida, que procura um alojamento para nosso amigo Nietzsche; temos em vista diversas casas. Ela retorna a Nápoles ao entardecer"; Cosima Wagner, Journal, Paris, Gallimard, 1977, vol.II, p.473.
3. Malwida von Meysenbug a Olga Monod-Herzen, sábado, 28 de outubro de 1876, in Malwida von Meysenbug, Im Anfang war die Liebe, op.cit., p.93-4.
4. Brenner à sua família, quarta-feira 1º de novembro de 1876, in Stummann-Bowert, op.cit., p.209.
5. Nietzsche à sua irmã, em 28 de outubro de 1876, eKGWB/BVN-1876,565.
6. Esta citação e as seguintes foram extraídas de Cosima Wagner, Journal, op.cit., vol.II, p.463-77.
7. Ver Mazzino Montinari, "Nietzsche e Wagner cent'anni fa" in Su Nietzsche, Roma, Editori Riuniti, 1981, p.14-29, republicado com modificações in Nietzsche lesen, Berlim, Water de Gruyter, 1982, p.38-55;

ver também o aparato crítico a *Richard Wagner em Bayreuth* in KGW IV/4, p.119-60.

8. Nietzsche a Malwida von Meysenbug, 21 de fevereiro de 1883, eKGWB/BVN-1883,382. Essa carta foi encontrada no final dos anos 1970 nos papéis de Romain Rolland e publicada pela primeira vez na edição Colli/Montinari. Ela permite retificar a interpretação da "ofensa mortal" que havia sido levantada pelos biógrafos (Curt von Westernhagen, Martin Gregor-Dellin, Curt Paul Janz). Segundo esses intérpretes, Nietzsche se referia a uma série de intrigas sobre a origem de sua doença, a qual seria proveniente do onanismo ou da pederastia, que circularam em 1882 durante o segundo festival de Bayreuth e que nasceram de uma troca de cartas entre Wagner e o dr. Eiser, médico de Nietzsche e wagneriano fervoroso. Tais insinuações feriram Nietzsche (cf. a carta a Köselitz de 21 de abril de 1883, eKGWB/BVN-1883,405), mas seguramente não são o motivo da ruptura entre ele e o músico, até porque aparecem mais tarde. Não constituem aquilo a que Nietzsche se referia com a expressão "ofensa mortal". Como resume Montinari em sua reconstituição mais documentada e confiável desse episódio: "Para além de todo assunto humano e pessoal, o núcleo central do conflito entre Nietzsche e Wagner situa-se propriamente nesse insuperável desacordo relativo ao cristianismo", *Su Nietzsche*, op.cit., p.6-9; cf. igualmente o aparato crítico à edição italiana da correspondência (Milão, Adelphi, 2004, vol.IV, p.754), ao passo que o aparato crítico à edição alemã (KGB III/7/1, p.348) não fornece nenhuma informação.

9. Cf. *Coisas humanas, demasiadamente humanas*, tomo II, pref., § 3, eKGWB/MA-II-Vorrede-3, e os rascunhos, eKGWB/NF-1885,35[49], e 34[205]. Ver além disso a passagem seguinte, contida em KGW IV/4, 254: "ele começou a falar do 'sangue do Redentor', levou nisso até uma hora, na qual me confessou os arrebatamentos que sabia extrair da Santa Ceia", assim como o fragmento póstumo eKGWB/NF-1885,2[101]: "Em uma só olhada, compreendi que Wagner tinha sem dúvida atingido seu objetivo, mas só da maneira pela qual Napoleão atingira Moscou – com tantas perdas em cada etapa, perdas irreparáveis, que justamente no fim de toda a expedição, e aparentemente no momento da vitória, o destino já estava selado. ... Wagner falando do êxtase que a ceia cristã lhe proporcionava: para mim, isso foi decisivo, eu o julguei *vencido*".

10. Cosima Wagner, *Journal*, op.cit., II, p.476.

11. Malwida von Meysenbug, *Der Lebensabend einer Idealistin*, op.cit., p.48.

12. Fragmento póstumo eKGWB/NF-1885,41[2] § 3.

13. Fragmento póstumo eKGWB/NF-1875,5[190], ver *supra*, p.15.
14. *Ecce homo*, capítulo sobre *Coisas humanas, demasiadamente humanas*, § 5, eKGWB/EH-MA-5. A reconstituição cronológica não é completamente precisa porque o livro do filósofo só chegou a Bayreuth em abril de 1878, quatro meses após a remessa do *Parsifal*, mas Nietzsche provavelmente alude ao fato de que, no final de dezembro, ele havia concluído o manuscrito de *Coisas humanas, demasiadamente humanas*, e de que em 10 de janeiro Köselitz o enviara ao editor.
15. Nietzsche a Seydlitz, 4 de janeiro de 1878, eKGWB/BVN-1878,678.
16. Nietzsche a Köselitz, 20 de agosto de 1880, eKGWB/BVN-1880,49.
17. Malwida von Meysenbug, *Der Lebensabend einer Idealistin*, op.cit., p.47-8.
18. Paul Rée a Elisabeth Nietzsche, 11 de novembro de 1876. As cartas de Paul Rée à família Nietzsche foram publicadas no aparato crítico do quarto volume da edição Beck da correspondência de Nietzsche (F. Nietzsche, *Historisch-kritische Gesamtausgabe, Briefe*, editado por Wilhelm Hoppe, Munique, Beck, 1941, p.455 seg.), assim como por Ernst Pfeiffer (org.), *Friedrich Nietzsche. Paul Rée, Lou von Salomé: die Dokumente ihrer Begegnung*, Frankfurt-am-Main, Inszel-Verlag, 1970.
19. Para a localização da Villa Rubinacci, ver o artigo de Nino Cuomo: "Scoperta la villa di Nietzsche", in *Match-Point*, IV/3, março de 1990. O Hotel Eden fica no número 25 da *via* Correale (antiga *via* Bernardino Rota). Foi ampliado e dispõe de sessenta quartos e de um restaurante chamado Villa Rubinacci. Em Sorrento, existe outra Villa Rubinacci, mas não é aquela onde Nietzsche residiu, contrariamente ao que indica o livro de David Farrel Krell e Donald L. Bates, *The Good European. Nietzsche's Work Sites in Word and Image*, Chicago/Londres, University of Chicago Press, 1997, p.97-8, 115, 233.
20. Nietzsche a Louise Ott, 16 de dezembro de 1876, eKGWB/BVN-1876,577.
21. Malwida a Olga Monod-Herzen, 20 de novembro de 1876, in *Im Anfang war die Liebe*, op.cit., p.96.
22. Malwida a Olga Monod-Herzen, 13 de novembro de 1876, in *Briefe von und an Malwida von Meysenbug*, op.cit., p.112. Cf. também a carta de Nietzsche a Overbeck em 6 de dezembro de 1876: "Temos lido muito Voltaire: agora é a vez de Mainländer" eKGWB/BVN-1876,573.
23. Malwida a Olga Monod-Herzen, 3 de março de 1877, op.cit., p.130.
24. Malwida von Meysenbug, *Der Lebensabend einer Idealistin*, op.cit., p.56-7.
25. Nietzsche a Marie Baumgartner, 4 de fevereiro de 1877, eKGWB/BVN-1877,594.

26. Malwida von Meysenbug, *Der Lebensabend einer Idealistin*, op.cit., p.49. Essa caracterização do povo grego também é lembrada na carta de Malwida a Rée, de 8-10 de junho de 1877, in Stummann-Bowert, op.cit., p.128.
27. "Die Religion und die Reflexion waren pessimistisch, das Temperament aber optimistisch; daher die enorme Productivität ... Das Volk war voll von elastischen Federkräften, daher das lebendige, optimistische Temperament, das stets zu neuen Thaten reizt. Die Lebensanschauung aber ist ganz pessimistisch." A influência das aulas de Burckhardt para a concepção nietzschiana da grecidade no período 1875-1878 chamou pela primeira vez a atenção de Mazzino Montinari no aparato crítico dos textos desses anos (cf. KGW IV/4, *passim*), e essa temática foi retomada e desenvolvida por Olivier Ponton, *Philosophie de la légèreté*, op.cit., p.8-19, 187-6, 221-3 e *passim*.
28. Cf. Montinari, *Su Nietzsche*, op.cit., p.103. Para a expressão de Gramsci, ver por exemplo a carta ao seu irmão Carlo, de 19 de dezembro de 1929, in Antonio Gramsci, *Lettere dal carcere*, Turim, Einaudi, 1947, p.115.
29. Fragmentos póstumos eKGWB/NF-1875,5[25] e eKGWB/NF-1875,4[5] e carta a Seydlitz de 24 de setembro de 1876 eKGWB/BVN-1876,554. Sobre o projeto dos conventos para os espíritos livres, ver Hubert Treiber, "Wahlverwandtschaften zwischen Nietzsches Idee eines 'Klosters für freiere Geister' und Webers Idealtypus der puritanischen Sekte", *Nietzsche-Studien*, 21 (1992), p.326-62.
30. Fragmentos póstumos eKGWB/NF-1876,23[136] e eKGWB/NF-1876,17[50].
31. Malwida von Meysenbug, *Der Lebensabend einer Idealistin*, op.cit., p.57-8. Cf. Malwida von Meysenbug, *Memoiren einer Idealistin*, Stuttgart, Auerbach, 1876.
32. Reinhart von Seydlitz, "Friedrich Nietzsche; Briefe und Gespräche", *Neue deutsche Rundschau*, 10, (1899), p.617-28, op.cit., in Sander Gilman (org.), *Begegnungen mit Nietzsche*, Bonn, Bouvier, 1981, p.339.
33. Nietzsche à sua irmã, 20 de janeiro de 1877, eKGWB/BVN-1877,589.
34. Cf. respectivamente eKGWB/BVN-1876,573; 575; 576; 582; 584. Cf. Paul Rée, *Der Ursprung der moralischen Empfindungen*, Chemnitz, Schmeitzner, 1877; em relação às novelas de Brenner, ver R. Müller-Buck, art.cit., p.427-8; uma dessas novelas foi publicada em julho de 1877 com o título "Das flammende Herz", *Deutsche Rundschau*, 3/10 (1877), p.1-11; Malwida von Meysenbug, *Phädra: ein Roman*, Leipzig, Reissner, 1885, 3 volumes.

35. Nietzsche a Cosima Wagner, 19 de dezembro de 1876, eKGWB/BVN-1876,581. Essa carta foi comentada pela primeira vez por Mazzino Montinari, *Nietzsche lesen*, op.cit., p.38-43, a quem seguimos em certos pontos.
36. Fragmento póstumo eKGWB/NF-1878,28[33].
37. Nietzsche a Overbeck, a Rohde, a Elisabeth, em 28 de agosto de 1877, eKGWB/BVN-1877,654; 656; 657.
38. *Miscelânea de opiniões e sentenças*, aforismo 360, eKGWB/VM-360.
39. "Pode parecer temerário e até celerado querer substituir uma tal antiguidade por uma novidade, e opor a uma tal pluralidade de atos de piedade e de veneração as unidades do devir e do presente", *Sobre a utilidade e os inconvenientes da história para a vida*, § 3, eKGWB/HL-3.
40. Fragmento póstumo 58[16] de 1867.
41. Fragmento póstumo 57[51] e seg.
42. Fragmento póstumo eKGWB/NF-1878,30[9], no qual Nietzsche alude ao quarto livro de *O mundo como vontade e representação*, consagrado à negação da vontade de viver; ver também eKGWB/NF-1878,27[43]: "O Schopenhauer em carne e osso não tem nada a ver com os metafísicos. Ele é essencialmente um voltairiano, o quarto livro lhe é estranho."
43. Cf. Montinari, "Nietzsche contra Wagner: été 1878", in Marc Crépon (org.), *Nietzsche*, Cahiers de l'Herne, Paris, l'Herne, 2000, p.237-44, e P. D'Iorio, "Système, phases diachroniques, strates synchroniques, chemins thématiques", op.cit.
44. Cosima Wagner a Nietzsche, 1º de janeiro de 1877 (KGB II/6/I, p.472-5.); C. Wagner, *Journal*, op.cit., 24 de dezembro de 1876, II, p.486.
45. A carta de Cosima a Malwida foi publicada por Richard Du Moulin Eckart em *Cosima Wagner. Ein Lebens-und Charakterbild*, Berlim, 1929, vol.I, p.794 seg.
46. *Ainsi parlait Zarathoustra*, "O canto dos túmulos" eKGWB/Za-II-Grablied. Sobre o sentido do "Como eu o suportei?", "Wie ertrug ich's nur?", que remete ao *Tristão* de Wagner, ver *supra*, nota 10, p.187.
47. Cosima Wagner a Nietzsche, op.cit., p.473.
48. Ritschl a Nietzsche, 14 de fevereiro de 1872, KGB II/2, p.541.
49. Ritschl a Nietzsche, 14 de janeiro de 1876, KGB II/6/1, p.274.
50. Nietzsche a Sophie Ritschl, janeiro de 1877, eKGWB/BVN-1877,585. Friedrich Ritschl tinha morrido em 9 de novembro. A participação recebida por Nietzsche em Sorrento está conservada em Weimar, GSA, 71/BW175.

3. Passeios pela terra das sereias (p.78-88)

1. Nietzsche a Köselitz, 14 de novembro de 1876, eKGWB/BVN-1876,569.
2. Brenner à sua família, 19 de dezembro de 1876, in Stummann-Bovert, op.cit., p.211; "Falter fliegen im Sonnenstrahl" é um verso do poema "Das Tal des Espingo", de Paul Heyse.
3. Nietzsche à sua família, 8 de janeiro de 1877, eKGWB/BVN-1877,587; trata-se das ruínas do castelo de Castellammare di Stabia.
4. Malwida von Meysenbug a Olga Monod-Herzen, 13 de fevereiro de 1877, in Briefe von und an Malwida von Meysenbug, op.cit., p.122.
5. Fragmento póstumo eKGWB/NF-1876, 21[49].
6. Fragmento póstumo eKGWB/NF-1876, 23[147].
7. Malwida von Meysenbug a Olga Monod-Herzen, 16 de fevereiro de 1877, Briefe von und an Malwida von Meysenbug, op.cit., p.123.
8. Malwida von Meysenbug a Olga Monod-Herzen, carta datada de Capri, 23 de março de 1877, in Briefe von und an Malwida von Meysenbug, op.cit., p.132-3.
9. Malwida von Meysenbug, *Stimmungsbilder*, Berlim Leipzig, Schuster und Loeffler, 1905, 4ª ed. p.85-6.
10. Nietzsche à mãe, 26 de março de 1877, eKGWB/BVN-1877, 601.
11. Fragmentos póstumos eKGWB/NF-1878, 28[17], [22], [24], [34], [39].
12. Ferdinand Gregorovius, *Figuren, Geschichte, Leben und Scenerie aus Italien*, Leipzig, Brockhaus, 1856, p.360-2.
13. *Ainsi parlait Zarathoustra*, I, prólogo, § 1, eKGWB/Za-I-Vorrede-1.
14. Ferdinand Gregorovius, op.cit., p.362-3.
15. *Par-delà le bien et le mal*, aforismo 55, eKGWB/JGB-55.

4. *Sorrentiner Papiere* (p.89-125)

1. Reinhart von Seydlitz, in Gilman, op.cit., p.337-9.
2. Reinhart von Seydlitz, loc.cit.
3. Fragmento póstumo eKGWB/NF-1885,2[201].
4. Já tivemos oportunidade de citar a caderneta N II 1, que denominamos caderneta do espírito livre. Os manuscritos de Sorrento compreendem também outras duas cadernetas classificadas nos Arquivos Goethe-Schiller de Weimar sob os códigos N II 3 e N II 2, assim

como dois cadernos, U II 5 e M I 1, e um maço de papéis que contém a passagem a limpo M XIV 1. Ver a descrição dos manuscritos desse período feita por Montinari in KGW IV/4, p.102-5.
5. Malwida von Meysenbug, *Der Lebensabend einer Idealistin*, op.cit., p.66-7.
6. Malwida von Meysenbug, *Individualitäten*, op.cit., p.26-7 e 34. Nietzsche estava bem consciente da razão pela qual Malwida não tinha rompido relações com ele, e lhe escrevia em 1883: "Há anos estou completamente só e a senhora admitirá que eu faço 'boa cara' a tudo isso – até a *boa* cara entra nos pressupostos do meu ascetismo. Se até agora tenho amigos, eu os tenho – como direi? – A DESPEITO DO que sou ou do que gostaria de me tornar. Assim, *a senhora*, minha cara e reverenciada amiga, manteve-se benévola comigo e eu desejo, de todo o coração, poder expressar-lhe minha gratidão *por isso* e ainda cultivar em meu jardim um fruto que seja do *seu gosto*", carta de 1º de janeiro de 1883, eKGWB/BVN-1883,367.
7. *Ecce homo*, capítulo sobre *Coisas humanas, demasiadamente humanas*, § 5 eKGWB/EH-MA-5.
8. *Pour la généalogie de la morale*, Prefácio, § 2, eKGWB/GM-Vorrede-2.
9. Fragmento póstumo eKGWB/NF-1876,23[159].
10. Malwida von Meysenbug, *Stimmungsbilder*, op.cit., p.86.
11. Malwida a Olga Monod-Herzen, 29 de abril de 1877, in *Briefe von und an Malwida von Meysenbug*, op.cit., p.141-2. Sobre Paul Rée, sua relação com Nietzsche e o tipo de filosofia pela qual ele se interessava, ver a introdução de Hubert Treiber a Paul Rée, *Gesammelte Werke, 1875-1885*, Berlim/Nova York, De Gruyter, 2004; o estudo-prefácio de Paul-Laurent Assoun a P. Rée, *De l'origine des sentiments moraux*, Paris, PUF, 1982; e o livro de Maria Cristina Fornari, *La morale evolutiva del gregge. Nietzsche legge Spencer e Mill*, Pisa, ETS, 2006.
12. Paul Rée a Nietzsche, por volta de 10 de maio de 1878, KGB II/6/2, p.852.
13. Cosima Wagner, *Journal*, op.cit., 24 de junho de 1878. Ver igualmente as datas: 25, 29, 30 de abril; 23, 28, 30 de maio; 9, 26, 27, 28, 29, 30 de junho; 1º, 3, 21, 27 de julho; 2 de agosto de 1878 e 28 de janeiro de 1879.
14. Carta citada em KGW IV/4, p.46.
15. Rohde a Nietzsche, 16 de junho de 1878, KGB II/6/2, p.895.
16. Nietzsche a Rohde, pouco após 16 de junho de 1878, eKGWB/BVN-1878,727. No entanto, não era com seu inseparável amigo Erwin Rohde que Nietzsche havia projetado passar em 1869 um ano em Paris, para estudar química? "Realmente eu tinha querido, mais uma vez,

antes de ser atado pelas obrigações de um ofício, eu tinha desejado com toda a minha alma degustar a profunda seriedade e o mágico encantamento de uma existência nômade e, mais uma vez, em companhia do mais fiel, do mais compreensivo dos amigos, saborear a indescritível oportunidade de ser espectador, e não ator. Eu já nos via, os dois, olhar grave e sorriso nos lábios, avançando em meio à multidão parisiense, dupla de *flâneurs* filósofos que as pessoas se acostumariam a ver juntos por toda parte, nos museus e nas bibliotecas, nas Closeries des Lilas e em Notre-Dame, levando por toda parte a seriedade de seu pensamento e a terna compreensão de seu mútuo pertencimento. Mas o que me coube, em vez de tal ociosidade, de tal proximidade amigável? ... Pois bem, o destino zomba de nós; ainda na semana passada eu queria lhe escrever para lhe propor estudarmos química juntos e devolver a filologia ao seu verdadeiro lugar, entre os utensílios domésticos do vovô. E eis que este diabo de destino me fisga com uma cátedra de filologia", Nietzsche a Rohde, 16 de janeiro de 1869 eKGWB/BVN-1869, 608.

17. Cf. as cartas de Nietzsche a Rohde de 19 e 23 de maio e 11 de novembro de 1887, eKGWB/BVN-1887, 848; 852; 950; e de 4 de janeiro de 1889 eKGWB/BVN-1889,1250.
18. Mathilde Maier a Nietzsche, início de julho de 1878, KGB II/6/2, p.910.
19. Nietzsche a Mathilde Maier, 15 de julho de 1878, eKGWB/BVN/1878, 734.
20. *Coisas humanas, demasiadamente humanas*, aforismo 13, eKGWB/MA-13. Para uma análise desse aforismo, ver ao menos Peter Heller, *Von den ersten und letzten Dingen. Studien und Kommentar zu einer Aphorismenreihe von Friedrich Nietzsche*, Berlim, De Gruyter, 1972, p.153-62, e Hubert Treiber, "Zur 'Logik des Traums' bei Nietzsche. Anmerkungen zu den Traumaphorismen aus MA", *Nietzsche-Studien*, 23 (1994), p.1-41.
21. "Glockenlaute – goldenes Licht durch die Fenster. Traum. Ursache *a posteriori* hineingedichtet wie bei den Augenempfindungen", eKGWB/NF-1876,21[38], fac-símile DFGA/N-II-3, 36.
22. Brenner à sua família, 27 de dezembro de 1876, in Stummann-Bowert, op.cit., p.211-2.
23. Fragmento póstumo 6[77] 1859, in KGW I/2, p.104; esta última remissão está indicada em KGW IV/4 p.169.
24. "In windstillen halbdunklen Gängen gehen, während über uns die Bäume von heftigen Winden bewegt rauschen, in hellerem Schein", KGW IV/4, p.210, fac-símile DFGA/N-II-3,15.

25. Nietzsche a Seydlitz, final de fevereiro de 1877, eKGWB/BVN-1877,599.
26. *Coisas humanas, demasiadamente humanas*, aforismo 275, eKGWB/MA-275. Ver Renate Müller-Buck, art.cit., p.431-2, que cita uma carta de Heinrich Köselitz e Paul Widemann a Nietzsche, datada de 31 de julho de 1877, na qual, a respeito de Brenner, pode-se ler uma descrição de seu caráter cético e cínico.
27. *Coisas humanas, demasiadamente humanas*, aforismo 478, eKGWB/MA-478; no rascunho, em vez de "Os artesãos do sul", Nietzsche havia escrito "Os artesãos daqui", ou seja, de Sorrento, cf. KGW IV/4, p.229, facsímile DFGA/U-II-5, 31.
28. Malwida a Olga Monod-Herzen, quinta-feira (antes de 10 de abril de 1877), in *Briefe von und an Malwida von Meysenbug*, op.cit., p.127, "Viva o coração de Maria, viva Deus que tanto a ama".
29. Fragmentos póstumos eKGWB/NF-1878,28[10] e 27[97]., fac-símile DFGA/N-II-6,5.
30. *Miscelânea de opiniões e sentenças*, aforismo 171, eKGWB/VM-171; o rascunho se encontra no manuscrito de Sorrento Mp XIV 1, p.103.
31. Fragmentos póstumos eKGWB/NF-1876,16[50], 16[52] e 17[39]; fac-símiles DFGA/N-II-1,241 e 244, DFGA/U-II-5,165.
32. *Coisas humanas, demasiadamente humanas*, aforismo 291, eKGWB/MA-291.
33. Ver os depoimentos de Malwida, de Brenner e do próprio Nietzsche, citados às p.18-9, 39-41 e 43.
34. Nietzsche a Heinrich Köselitz, 16 de agosto de 1883, eKGWB/BVN-1883,452.
35. Retrospectivamente, Zaratustra dirá: "Em praça pública, é por gesticulações que se persuadem as pessoas. Mas, das razões, o populacho desconfia", *Assim falou Zaratustra*, IV, "Sobre o homem superior", § 9, eKGWB/Za-IV-Menschen-9.
36. *Assim falou Zaratustra*, I, "Prólogo de Zaratustra", § 9, eKGWB/ZA-I-Vorrede-9 e *passim*.
37. Os textos e os manuscritos de Nietzsche mostram como *Assim falou Zaratustra* foi composto em boa parte mediante a condensação dos aforismos dos livros precedentes, especialmente os da época da filosofia do espírito livre. Aliás, Nietzsche escreve isso explicitamente a Malwida, por volta de 20 de abril de 1883: "De fato, eu 'cometi' a acrobacia (e a loucura) de escrever os *comentários* antes do texto. – Mas quem afinal os *leu*? Quero dizer: quem os estudou durante anos?",

eKGWB/BVN-1883,404; ele o repete a Overbeck em 7 de abril de 1884: "Reli inteiramente 'Aurora' e 'A gaia ciência' e concluí, em suma, que não há quase nenhuma linha que não possa servir de introdução, de preparação e de comentário ao Zaratustra. É um *fato*: eu escrevi o comentário antes do *texto* —" eKGWB/BVN-1884,504; e o repete a Resa von Schirnhofer, início de maio de 1884, eKGWB/BVN-1884,510.

38. Fragmento póstumo eKGWB/NF-1888, 14[61].
39. Fragmento póstumo eKGWB/NF-1888, 15[67].
40. Fragmento póstumo eKGWB/NF-1888, 16[7].
41. *Assim falou Zaratustra*, "Da virtude dadivosa", § 1, eKGWB/Za-I-Tugend-1.
42. *Assim falou Zaratustra*, "Da virtude dadivosa", § 3, eKGWB/Za-I-Tugend-3.
43. Köselitz a Nietzsche, 24 de julho de 1883, KGB III/2, p.383; Nietzsche a Köselitz, 3 de agosto de 1883, eKGWB/BVN-1883,446; na época, Köselitz se encontrava em Veneza.
44. *Assim falou Zaratustra*, II, "O menino com o espelho", ewKGWB/Za-II-Kind.
45. Fragmento póstumo eKGWB/NF-1883, 16[89]; cf. igualmente 17[16].
46. *Assim falou Zaratustra*, "Da bem-aventurança involuntária", eKGWB/Za-III-Seligkeit. Não é por acaso que, no prefácio de uma obra consagrada ao eterno retorno, Nietzsche afirma não ter outro público afora "esta comunidade ideal, que reúne os discípulos formados por Zaratustra nas ilhas bem-aventuradas", eKGWB/NF-1884,26[244].
47. Fragmento póstumo eKGWB/NF-1883, 15[17]; cf. igualmente: 28[8], 22[4] e eKGWB/NF-1884, 29[23].
48. *Assim falou Zaratustra*, IV, "O grito de socorro", eKGWB/Za-IV-Nothschreit.
49. Giuliano Campioni sublinhou a relação entre a quarta parte de *Zaratustra* e as figuras da decadência europeia analisadas nos *Essais de psychologie contemporaine* de Paul Bourget, cf. G. Campioni, "'Der höhere Mensch' nach dem Tod Gottes", *Nietzsche-Studien* 28 (1999), p.336-55, e id, *Les lectures françaises de Nietzsche*, Paris, PUF, 2001, p.187 seg.
50. *Assim falou Zaratustra*, IV, "A saudação", eKGWB/Za-IV-Begrüssung.
51. Ibid.
52. *Assim falou Zaratustra*, "O sinal", eKGWB/Za-IV-Zeichen.
53. Cf. Homero, *Odisseia*, IV, 5651-586, e Hesíodo, *Os trabalhos e os dias*, 166-73.

54. Dou apenas algumas indicações limitadas aos textos de Hesíodo; Nietzsche falou das ilhas bem-aventuradas aos seus alunos num curso sobre *Os trabalhos e os dias* que ele ministrou várias vezes, de 1869 a 1876, e pela última vez durante o semestre de verão precedente à sua partida para Sorrento (ver os cadernos de anotações tomadas por seus alunos, publicados em KGW II/2, p.369, 371; cf. A Bollinger, F. Trenkle, *Nietzsche in Basel*, Basileia, Schwabe, 2000, p.71-9). Em sua biblioteca pessoal, Nietzsche possuía dois exemplares do texto grego de Hesíodo (*Hesiodea quae feruntur carmina*, Leipzig, Teubneri, 1870). No exemplar que traz hoje o código C 43, os versos 156-74, nos quais se trata das ilhas bem-aventuradas (p.85-6), estão assinalados por uma série de cruzes colocadas no início de cada verso; no exemplar de código C 107, alguns desses versos estão sublinhados e comentados filologicamente. Nietzsche emprega a expressão homérica e hesiódica sobre as ilhas nos confins do mundo em duas cartas a Köselitz, de março e abril de 1882, eKGWB/BVN-1882, 208 e 220.
55. Nietzsche a Erwin Rohde, 15 de dezembro de 1870, eKGWB/BVN-1870, 113.
56. Fragmento póstumo eKGWB/NF-1880, 6[40]. Sobre a ilha como local de encontro da sociedade dos pensadores, ver o aforismo 314 de *Aurora*: "No meio do oceano do devir, acordamos numa ilhota não maior do que um barco, nós outros aventureiros, aves migratórias, e de lá olhamos um instante ao redor ... nesse pequeno espaço, encontramos outras aves migratórias, ouvimos falar das aves de outrora, – e vivemos assim um precioso minuto de conhecimento e de divinação", eKGWB/M-314.
57. *Ecce homo*, capítulo sobre *Coisas humanas, demasiadamente humanas*, § 2 eKGWB/EH-MA-2.
58. "Auf vulkanischem Boden gedeiht alles", fragmento póstumo eKGWB/NF-1877, 21[12]. Esse fragmento parece ser derivado de Karl Wilhelm C. Fuchs, *Vulkane und Erdbeben*, Leipzig, Brockhaus, 1875, p.13, onde se lê a propósito do Etna que aos seus pés "die üppigste Vegetation auch im Winter gedeiht". Nesse livro, que Nietzsche havia comprado em novembro de 1875 e mandado encadernar em janeiro de 1876, ele podia encontrar toda uma série de informações sobre o Vesúvio e sobre a natureza vulcânica da ilha de Ischia.
59. "As épocas pré-históricas são definidas pela tradição: durante imensos espaços de tempo, não acontece nada. Na época histórica, o fato determinante é a cada vez uma emancipação perante a tradição, uma dife-

rença de opinião, é *o livre pensamento* que faz a história. Quanto mais se acelera a subversão das opiniões, mais o mundo acelera também sua corrida, a crônica se transforma em diário, e por fim o telégrafo constata em que as opiniões dos homens se modificaram em poucas horas", eKGWB/NF-1876,19[89].

60. *Assim falou Zaratustra*, "Dos grandes acontecimentos", eKGWB/Za-II-Ereignisse. Sobre as fontes literárias e científicas deste capítulo, ver Charles Andler, *Nietzsche*, op.cit., III, p.259; Hubert Treiber, "Beiträge zur Quelenforschung", *Nietzsche-Studien*, 27 (1998), p.562, e KGW VI/6, p.891.
61. Fragmentos póstumos eKGWB/NF-1883, 10[27] e [28].
62. *Assim falou Zaratustra*, "Dos grandes acontecimentos", eKGWB/Za-II-Ereignisse.
63. *Assim falou Zaratustra*, "A hora mais quieta", eKGWB/Za-II-Stunde.
64. *Assim falou Zaratustra*, "Dos grandes acontecimentos", eKGWB/Za-II-Ereignisse.

5. Os sinos de Gênova e as epifanias nietzschianas (p.126-76)

1. Nietzsche a Rée, 17 de abril de 1877, eKGWB/BVN-1877, 605.
2. Nietzsche à irmã, 25 de abril de 1877, eKGWB/BVN-1877, 609.
3. Nietzsche a Overbeck, 7 de maio de 1877, eKGWB/BVN-1877, 612.
4. Caderneta N II 8, *Notizkalender für das Jahr 1877*. Sobre a questão do fez preto que Nietzsche havia recebido como presente de Natal, cf. a carta de Elisabeth a Nietzsche em 19 de dezembro (KGB II/6/1, p.460) e a resposta de Nietzsche em 30 de dezembro de 1876, eKGWB/BVN-1876,583.
5. Nietzsche a Malwida, 13 de maio de 1877, eKGWB/BVN-1877,615.
6. Seydlitz a Nietzsche, 16 de maio de 1877, Malwida em 17 de maio de 1877, KGB II/6/1, p.555-7.
7. Mazzino Montinari, *Nietzsche*, Paris, PUF, 2001, p.9.
8. Caderneta N II 2, p.4, fac-símile DFGA/N-II-2,4; a transcrição dos dois fragmentos se encontra em KGW IV/4, p.451, 240. À imagem dos sinos de Gênova, consagrei dois estudos: "Aucune des choses humaines n'est digne du grand sérieux", *Oeuvres et critique*, XXV, 1, Tübingen, 2000, p.107-23, e "Les cloches du nihilisme et l'éternel retour du même", in Jean-François Mattéi (org.), *Nietzsche et le temps*

des nihilismes, Paris, PUF, 2005, p.191-208. Ver também Olivier Ponton, *Philosophie de la légèreté*, op.cit., p.46-81.
9. Como escreverá Joyce mais tarde em *A portrait of the Artist as a Young Man*, Nova York, Huebsch, 1916, p.205. As epifanias conservadas foram publicadas por Hans Walter Gabler no quarto volume de *The James Joyce Archive*, Nova York, Garland Publishing, 1978.
10. James Joyce, *Stephen Hero*, Nova York, New Direction, 1944, p.211.
11. James Joyce, op.cit., p.213.
12. Walter H. Pater, *The Renaissance. Studies in art and poetry*, Londres, Macmillan, 1877; Gabriele D'Annunzio, *Il fuoco*, Milão, Treves, 1900. Umberto Eco sublinhou a dívida a Walter Pater e foi o primeiro a observar a origem d'annunziana do termo epifania, cf. U. Eco, *Le poetiche di Joyce*, Milão, Bompiani, 2002, p.44-5 e p.49-50.
13. James Joyce, *A portrait...*, op.cit., p.250.
14. James Joyce, *Ulysses*, Texto corrigido e editado por, edited by H.W. Gabler, Nova York, Random House, 1986, p.34. Segundo Franco Moretti, o conceito de epifania retorna até em *Ulysses*, sob a forma paradoxal dos lugares-comuns. Estes últimos, de fato, contêm um mínimo de sentido cujo retorno com pequenas variações impede a completa desagregação do homem metropolitano: "os lugares-comuns são as *epifanias de Bloom*", cf. F. Moretti, *Opere mondo*, Einaudi, Turim, 1994, p.152 e nota.
15. Joyce, *Finnegans Wake*, IV, 626. Cf. Fritz Senn, *Joyce's Dislocutions: Essays On Reading As Translation*, Baltimore e Londres, Johns Hopkins University Press, 1984; Giovanni Melchiori, *Joyce: il mestiere dello scrittore*, Turim, Einaudi, 1994, p.4-6 e 216.
16. *Coisas humanas, demasiadamente humanas*, aforismo 586, eKGWB/MA-586.
17. Cf. fragmentos póstumos eKGWB/NF-1875, 11[11] e eKGWB/NF-1878, 28[8], [9], [6]. As lembranças de infância de Nietzsche foram comentadas por M. Montinari em *Nietzsche lesen*, op.cit., p.22-37. Em relação às borboletas como metáfora da felicidade, mas também da fragilidade do pensamento e da leveza da criação literária e filosófica, remeto ao meu artigo "Les pensées papillons", *Genesis* 22 (2003), p.7-11. A reprodução em fac-símile da caderneta intitulada *Memorabilia* pode ser consultada em DFGA/N-II-6.
18. Fragmento póstumo eKGWB/NF-1878, 28[18].

19. Sem utilizar o termo epifania, Mazzino Montinari já observara que os escritos de Nietzsche "nasceram todos de 'disposições de espírito', frequentemente perturbadoras", *Nietzsche*, op.cit., p.21.
20. *Genealogia da moral*, II, § 12, eKGWB/GM-II-12.
21. Fragmento póstumo 15[41] 1863, KGW I/3, p.190.
22. Fragmento póstumo 4[77] 1858, KGW I/1, p.283; uma anotação fugaz sobre o prazer que ele sentia quando criança ao ouvir o som dos sinos também se encontra numa caderneta do filósofo: "O arrepio de prazer ao som dos sinos", eKGWB/NF-1880, 6[172].
23. Fragmento póstumo 5[1] 1858, KGW I/2, p.3; 4[77] 1858, KGW I/1, p.286; 10[10] 1861, KGW I/2, p.260 seg.
24. Fragmento póstumo 6[18] 1859, KGW I/2, p.53, retomado também numa coletânea de seis poemas de setembro de 1862 (13[22] 1862, KGW I/2, p.467). O sino ressoa também num outro poema dessa coletânea, intitulado "Desespero" (p.466).
25. Nietzsche à sua mãe, 25 de novembro de 1860, eKGWB/BVN-1860, 193. Todos os anos, em Pforta, na véspera do Dia dos Mortos, era lembrada a memória dos antigos alunos falecidos no ano anterior, cf. KGW I/IV, p.137.
26. Fragmento póstumo 14[29] 1862, KGW I/3, p.57.
27. Friedrich Schiller, *Das Lied von der Glocke* (1800), verso 244 seg.: *"Von dem Dome Schwer und bang/ Tönt die Glocke/ Grabgesang"*, em que as três vogais "o, e, a" se alternam, imitando o som pungente do dobre. Nietzsche conhecia esse famoso poema de Schiller, ao menos desde as comemorações do centenário schilleriano em Pforta em 1859, quando havia participado como corista dos ensaios da versão sob forma de cantata, com música de Andreas Romberg, cf. o fragmento póstumo 7[3] 1859 (KGW I/3, p.175) e a carta à sua mãe de meados de novembro de 1859, eKGWB/BVN-1859, 114. Paul Deussen lembra que recitou o *Sino* de Schiller em Pforta, enquanto Nietzsche improvisava um acompanhamento ao piano (Paul Deussen, *Souvenir sur Friedrich Nietzsche*, Paris, Le promeneur, 2001, p.17).
28. Johann Wolfgang von Goethe, *Epilog zu Schillers Glocke* (1805), verso 9 seg.; naturalmente, o *Epílogo* de Goethe também fazia parte das celebrações em homenagem a Schiller; Nietzsche o cita em seguida no escrito póstumo *Sobre o futuro de nossos estabelecimentos de ensino*, § I e IV (eKGWB/BA-I e IV), na primeira *Consideração inatual*, § 4 (eKGWB/DS-4), e em uma nota de 1879: "Tenho vontade de chorar quando leio as palavras de Goethe para Schiller: 'e por trás dele, na aparência vã, etc.' Por quê?", eKGWB/NF-1879, 41[68].

29. Cf. Lord Byron, *Die beiden Foscari*, in *Sämmtliche Werke*, Leipzig, Wigand, 1864, final do ato V, p.85-7; Nietzsche, fragmentos póstumos 12[4] 1861, KGW I/2, p.347 e 16[2] 1863-1864, KGW I/3, p.238.
30. Henrich Heine, *Über die französische Bühne. Vertraute Briefe an August Lewald*, in *Sämmtliche Werke*, Hamburgo, Hoffmann und Campe, vol.I, p.133. Nietzsche cita essa obra numa carta de 8 de outubro de 1868 a Rohde, eKGWB/BVN-1868,591.
31. Platão, *As leis*, 803b-d, in Platão, *Dialogi Secundum Thrasylli tetralogias dispositi*, vol.V, Leipzig, Teubneri, 1862, p.218. Algumas páginas antes (644d), Platão havia escrito: "Tentemos nos representar cada um de nós, seres vivos, como uma marionete construída pelos deuses; não sabemos se é por brincadeira ou com um objetivo sério, mas sabemos que as sensações que estão em nós são como cordas ou fios que, movendo-se em sentidos opostos, nos impelem a ações opostas; e é aí que se situa a linha que separa a virtude e o vício."
32. Arthur Schopenhauer, *Parerga und Paralipomena*, vol.I, in *Sämmtliche Werke*, Leipzig, Brockhaus, 1874, p.435.
33. Cf. a carta de Albert Brenner de 4 de dezembro de 1876: "À noite o dr. Rée lê em voz alta. Ele já leu as lições sobre a história (manuscritas) de Jakob Burckhardt e Tucídides. Agora estamos lendo *As leis* de Platão", in Stummann-Bowert, op.cit., p.210.
34. *"Alles Menscliche insgesamt ist keines grossen Ernstes werth"* está escrito na página 64 da caderneta N II 3, fac-símile DFGA/N-II-3,64.
35. "Über den Rhythmus (1875)", in F. Nietzsche, *Gesammelte Werke*, Musarionausgabe, Munique, 1922, vol.V, p.475-6. A passagem de Platão também é citada no fragmento eKGWB/NF-1875,9, em outro contexto.
36. Nietzsche havia citado o pessimismo de Leopardi na *Segunda consideração extemporânea*, § 1 (eKGWB/HL-1): "Não existe nada que seja digno/ De te comover, e a terra não merece um suspiro./ Nossa vida não é senão dor e tédio./ O mundo, senão lama – nada mais./ Tranquiliza-te" (do canto *A si mesmo*).
37. A anotação citada se encontra na página 19 da caderneta N II 2 (fac-símile in DFGA/N-II-2,19.), rascunho do aforismo 113 de *Coisas humanas, demasiadamente humanas*, eKGWB/MA-113. Em sua resposta, Wagner se baseava nesse aforismo para contestar a crítica histórica que, impregnada de judaísmo, não conhece a verdadeira figura ideal do Salvador: "Quem conhece Jesus? – Talvez a crítica histórica? Esta pertence ao judaísmo e se espanta com que ainda hoje, nas manhãs de domingo, os sinos comecem a tocar por um judeu crucificado há 2

mil anos, precisamente como se espantam todos os judeus" (Wagner, *Sämtliche Schriften und Dichtungen*, Leipzig, Breitkopf & Härtel, 1991, vol.X, p.141).

38. "Kindisch und schaurig und wehmutsvoll/ klang die Weise der Zeit mir oft:/ sehet nun sing ich ihr Lied?/ hört, ob das Glockenspiel/ nicht sich verwandelt in Glockenernst/ oder ob es klingt/ hoch herab wie vom Genua-Thurm./ Kindish jedoch ach schaurig/ Schaurig und wehmutsvoll" eKGWB/NF-1877, 22[45].

39. Fac-símile in DFGA/Mp-XIV-1,222; a primeira anotação está transcrita em KGW/IV-4, p.240; a segunda é o fragmento eKGWB/NF-1876, 23[188]; ver também o fragmento eKGWB/NF-1877, 22[197].

40. O exemplar que pertenceu a Nietzsche está conservado na Herzogin Anna Amalia Bibliothek de Weimar, sob o código C 63-b; o sublinhado se encontra na página 298 e é um dos raríssimos sublinhados que aparecem nesse volume.

41. Fac-símile in DFGA/Mp-XIV-1,114.

42. Naturalmente, epílogo é também uma alusão ao *Epílogo* de Goethe ao canto do sino de Schiller.

43. Elisabetta Mengaldo, "Strategie di reticenza e demistificazione: il trattino di sospensione negli aforismi di Friedrich Nietzsche", *Studi germanici*, 1-2 (2005), p.45 e 37. Sobre o uso desse sinal tipográfico e, mais em geral, sobre as formas da aposiopese em Nietzsche e sobre a influência dos moralistas franceses e de Laurence Sterne, ver a análise de Vivetta Vivarelli (*Nietzsche und die Masken des freien Geistes*, op.cit., p.159 seg. e 25 seg.), que cita, entre outros, o fragmento eKGWB/NF-1885, 34[147], no qual Nietzsche diz até preferir seus travessões aos seus pensamentos completamente formulados.

44. Tal interpretação reforça as justas observações de Charles Andler relativas à tradução do título *Menschliches, Allzumenschliches* para as línguas neolatinas: "Não ignoro que tradutores conhecidos, e depois deles, cegamente, a totalidade dos críticos franceses, traduzem *Menschliches, Allzumenschliches* por *Humano, demasiado humano*. Eles traduzem como se Nietzsche tivesse escrito *Menschlich, Allzumenschlich*. Porém, Nietzsche acrescentou uma desinência, e portanto é preciso traduzi-la. *Menschliches, Allzumenschliches* são substantivos de forma partitiva. *Menschlich, Allzumenschlich* seriam adjetivos, numa função de atributo. Há um contrassenso em confundir essas duas funções. Nietzsche, que com frequência pensava em

latim, poderia ter intitulado seu livro *Humana, nimis humana*. Não se tem o direito de traduzi-lo como se ele tivesse dito *Humanum, nimis humanum*" (Nietzsche, op.cit., vol.II, nota às p.321-2). Acrescentamos que, para lê-lo filosoficamente, convém dar mais um passo atrás e lê-lo em grego, como uma remissão e uma resposta às coisas humanas (τῶν ἀνθρωπίνων) sem valor de Platão.
45. Nietzsche a Rohde, 22 de fevereiro de 1884, eKGWB/BVN-1884,490.
46. *Coisas humanas, demasiadamente humanas*, aforismo 638, eKGWB/MA-638.
47. Ibid.
48. *Assim falou Zaratustra*, II, "Sobre as ilhas bem-aventuradas", eKGWB/Za-II-Inseln.
49. Nietzsche retoma a imagem de *Empédocles*, de Hölderlin, em que o fruto maduro representa o ensinamento do protagonista: "hoje é meu dia de outono, e cai/ sozinho o fruto", cf. Friedrich Hölderlin, *Empédocles*, versos 1514-15. A imagem do fruto maduro que cai da árvore já se encontra numa carta do ano de 1869: "Lá fora, diante das minhas janelas, o outono pensativo jaz na transparente e suave luz do sol, o outono nórdico, do qual gosto tanto quanto dos meus melhores amigos, porque é tão maduro e inconscientemente desprovido de desejo. O fruto cai da árvore sem um sopro de vento", Nietzsche a Rohde, 7 de outubro de 1869, eKGWB/BVN-1869,33; cf. Friedrich Hölderlin, *Empédocles*, versos 1514-1515, cf. Vivetta Vivarelli, *L'immagine rovesciata: le letture di Nietzsche*, Gênova, Marietti, 1992, p.154 seg. A imagem da figueira também comporta um contraponto paródico ao Evangelho, naquele trecho em que Jesus "avistou uma figueira na borda da estrada e se aproximou dela; mas só encontrou folhas. Então, ele disse à árvore: 'Tu nunca mais darás frutos!' Na mesma hora, a figueira secou" (Mateus, 21, 19).
50. Ralph Waldo Emerson, *Die Führung des Lebens. Gedanken und Studien*, Leipzig, Steinacker, 1862, p.185, que Nietzsche utilizou em seus primeiros escritos filosóficos de 1862 sobre o destino, a história, a liberdade, e que jamais cessou de reler; cf. Benedetta Zavatta, *La sfida del carattere. Nietzsche lettore di Emerson*, Roma, Editori Riuniti, 2006, em particular p.40 seg., e V. Vivarelli, *L'immagine rovesciata*, op.cit., p.152-3.
51. *Assim falou Zaratustra*, III, "Antes do alvorecer", eKGWB/Za-III-Sonnen. "Note-se que Nietzsche emprega a expressão '*von Ohngefähr*', que soa como um título nobiliário (partícula *von*). Cf., na Bíblia,

Sabedoria 2.2, em que se lê – na tradução de Lutero –, com a mesma expressão: 'nós nascemos por acaso'", Mazzino Montinari, aparato crítico a *Assim falou Zaratustra*, in *Opere di Friedrich Nietzsche*, tomo VI/1, Milão, Adelphi, 1968, p.465.

52. Cf. Emerson, capítulo "Natureza" dos *Versuche*, Hanôver, Carl Meyer, 1858, p.391-2; Nietzsche a Gersdorff, 7 de abril de 1866, eKGWB/ BVN-1866, 500; Arthur Schopenhauer, *Die Welt als Wille und Vorstellung*, in *Sämtliche Werke*, Leipzig, Brockhaus, 1873, § 34. A imagem emersoniana se encontra igualmente no fragmento eKGWB/NF-1879, 45[1].

53. *Assim falou Zaratustra*, IV, "No meio-dia", eKGWB/Za-IV-Mittags. O vínculo entre o meio-dia e a felicidade se encontrava também no aforismo 308 de *O viajante e sua sombra* (eKGWB/WS-308) e reaparecerá no ditirambo "O sol declina"dos *Ditirambos de Dioniso* (eKGWB/ DD-Sonne-1). Sobre as fontes gregas, ver pelo menos Karl Schlechta, *Nietzsche grosser Mittag*, Frankfurt, Klostermann, 1954, p.34 seg.

54. *Assim falou Zaratustra*, III, "O outro canto de dança", § 2, eKGWB/ Za-III-Tanzlied-2.

55. *Assim falou Zaratustra*, III, "O outro canto de dança", § 3, eKGWB/ Za-III-Tanzlied-3. Como observou Peter André Bloch ("'Aus meinem Leben', Der selbstporträtcharakter von Nietzsches frühen Lebensbeschreibungen: Selbstdialog als Selbstbefragung", *Nietzscheforschung*, 2 [1995], p.70, nota), a métrica da ciranda de Zaratustra é construída de tal modo que imite o som dos sinos: "Oh Mensch! Gieb Acht!/ Was spricht die tiefe Mitternacht?/ Ich schlief, ich schlief –,/ Aus tiefem Traum bin ich erwacht: –". Aliás, nos rascunhos está dito que Zaratustra "contava e de bom grado fazia rimarem em seu canto as badaladas do sino da meia-noite", eKGWB/NF-1884, 31[64]. Pode-se lamentar que Mahler não tenha levado isso em conta, quando musicou esse texto em sua terceira sinfonia.

56. "Palavras do Eclesiastes, filho de Davi, rei de Jerusalém. Vaidade das vaidades, diz o Eclesiastes, vaidade das vaidades, tudo é vaidade. ... O que foi é o que será, e o que se fez é o que se fará, não há nada de novo debaixo do sol ... Eu vi tudo o que se faz sob o sol; e eis que tudo é vaidade e perseguição do vento", *La sainte Bible*, Société Biblique de Genève, 1979, Eclesiastes: 1, 2, 9, 14.

57. Ver a pequena obra moral *Diálogo entre um passante e um vendedor de almanaques*, in Giacomo Leopardi, *Operette morali*, Turim, Loescher, 1993. De um século a outro, do pessimismo do século XVIII à litera-

tura da decadência do século XIX, Nietzsche reencontrará esse tipo de raciocínio em outros autores, e, por exemplo, em seu exemplar do *Journal des Goncourt*, sublinhará este trecho: "Não se encontra um homem que deseje reviver sua vida. Mal se encontra uma mulher que deseje reviver seus 18 anos. Isso julga a vida", E. e J.H. de Goncourt, *Journal des Goncourt. Mémoire de la vie littéraire*, Paris, Charpentier, 1887, p.193 (1º de maio de 1864); o exemplar de Nietzsche está conservado na Herzogin Anna Amalia Bibliothek de Weimar, cota C 550-a.
58. Arthur Schopenhauer, *Die Welt als Wille und Vorstellung*, op.cit., tomo primeiro § 59, tomo segundo § XLI.
59. Eduard von Hartmann, *Philosophie des Unbewussten. Versuch einer Weltanschauung*, Carl Duncker, Berlim, 1869, vol.II, cap.12, p.534.
60. *A gaia ciência*, aforismo 341, eKGWB/FW-341.
61. Ludwig Boltzsmann, *Vorlesungen über Gastheorie*, Leipzigt, Barth, 1896-98, vol.II, § 90, p.256-9; cf. Paolo D'Iorio, *La linea e il circolo. Cosmologia e filosofia dell'eterno ritorno in Nietzsche*, Gênova, Pantograf, 1995, p.362 seg. e id. "Nietzsche et l'éternel retour. Genèse et interprétation", *Nietzsche*, Cahiers de l'Herne, Paris, l'Herne, 2000, p.361-89.
62. Como afirma, ao contrário, Gilles Deleuze, "Conclusions. Sur la volonté de puissance et l'eternel retour", in G. Deleuze (org.), *Nietzsche*. Atas do colóquio de Royaumont de 4 a 8 de julho de 1964, Paris, Les éditions de Minuit, 1967, p.284.
63. O fato de o homem mais feio representar o sentido histórico (e o assassino de Deus) é atestado pelos rascunhos da quarta parte de *Zaratustra*: eKGWB/NF-1884,25[101], 31[10], 32[4].
64. *Assim falou Zaratustra*, IV, "O canto de embriaguez", § 1, eKGWB/Za-IV-Nachtwandler-1.
65. Arthur Schopenhauer, *Die Welt als Wille und Vorstellung*, op.cit., I, § 58.
66. *Assim falou Zaratustra*, II, "Dos sacerdotes", eKGWB/Za-II-Priester.
67. Assinalemos que, no rascunho do manuscrito, Nietzsche havia escrito *Sterb-Glück*, e depois, na última versão, ele suprime o hífen e acrescenta o "e" do dativo para calcar o composto *Sterbeglücke* sobre *Sterbeglocke* (cf. caderneta Z II 9, p.12, transcrita em KGW VI/4, p.791).
68. Cf. caderneta Z II 9, p.26, transcrita em KGW VI/4, p.793.
69. Johann Wolfgang von Goethe, *Fausto*, "Estudo", verso 1698 seg.
70. *Assim falou Zaratustra*, IV, "O canto de embriaguez", § 10, eKGWB/Za-IV-Nachtwandler-10.

71. A frase "agora o mundo está perfeito" se encontrava também numa versão preparatória do sexto parágrafo (cf. caderneta Z II 9, p.12, transcrita em KGW VI/4, p.791), mas depois Nietzsche a eliminou, provavelmente para melhor graduar o crescendo e chegar à união do meio-dia e da meia-noite somente no décimo parágrafo.
72. Entre outras referências presentes neste texto, lembremos que Nietzsche subverte a antítese entre o dia e a noite contida em *Tristão e Isolda* de Wagner. A comunhão com o todo não advém numa dimensão metafísica noturna através da paixão amorosa que leva à perda da individualidade como no *Tristão* (e como em *O nascimento da tragédia*), mas na aceitação da imanência. Sobre a filosofia do *Tristão* e sua derivação do pensamento de Feuerbach e Schopenhauer, ver Sandro Barbera, *La comunicazione perfetta. Wagner tra Feuerbach e Schopenhauer*, Pisa, Jacques e i suoi quaderni, 1984, p.87 seg. e *passim*.
73. Cf. *Assim falou Zaratustra*, IV, "O canto de embriaguez", § 10 (eKGWB/Za-IV-Nachtwandler-10), e III, "Antes do alvorecer", eKGWB/Za-III-Sonnen.
74. "IV Conclusão: Em *Gênova*. Oh meus amigos. Compreendeis este 'no entanto'? – –", eKGWB/NF-1885, 42[3].

6. *Torna a Surriento* (p.177-81)

1. Nietzsche a Malwida, 3 de setembro de 1877, eKGWB/BVN-1877, 622.
2. Nietzsche a Elisabeth, 12 de julho de 1879, eKGWB/BVN-1879, 866.
3. Nietzsche a Malwida, 12 de maio de 1887, eKGWB/BVN-1887, 845.
4. Cf. Berta Schleicher, *Malwida von Meysenbug. Ein Lebensbild zum hundertsten Geburtstag der Idealistin*, Berlim, Schuster & Loeffler, 1917, p.110.
5. Malwida von Meysenbug, *Individualitäten*, Berlim, Schuster & Loeffler, 1902, p.40-1. "Alles Vergängliche/ Ist nut ein Gliechnis" são dois versos do "Chorus mysticus" que conclui o segundo *Fausto* de Goethe (versos 12.104-5).
6. "Alles Unvergängliche – das ist nur ein Gleichniss!", *Assim falou Zaratustra*, II, "Sobre as ilhas bem-aventuradas", eKGWB/Za-II-Inseln; ver também "Dos poetas": "Desde que conheci melhor o corpo – diz Zaratustra a um de seus discípulos –, para mim o espírito só é espírito por assim dizer, e tudo o que é 'imperecível' – também não passa de um símbolo", eKGWB/Za-II-Dichter.

Edições, abreviações, bibliografia

Para as obras e a correspondência de Nietzsche, eu utilizo a edição crítica alemã de referência, estabelecida por Giorgio Colli e Mazzino Montinari:*

Friedrich Nietzsche, *Werke*. *Kritische Gesamtausgabe*, Berlim, Walter de Gruyter, 1967 seg. (abreviado por KGW, seguido pelo número do tomo e da página).

Friedrich Nietzsche, *Briefwechsel*. *Kritische Gesamtausgabe*, Berlim, Walter de Gruyter, 1975 seg. (abreviado por KGB, seguido pelo número do tomo e da página).

Na maioria dos casos, refiro-me à versão digital dessa edição:

Friedrich Nietzsche, *Digitale Kritische Gesamtausgabe Werke und Briefe*, sob a direção de Paolo D'Iorio, Paris, Nietzsche Source, 2009 seg., www.nietzschesource.org/eKGWB (abreviado por eKGWB, seguido pelas siglas usuais indicadas abaixo).

Por exemplo, sendo GT (*Die Geburt der Tragödie*) a sigla usual de *O nascimento da tragédia*, a referência eKGWB/GT-1 indica o texto do primeiro parágrafo dessa obra. Sendo NF (*Nachgelassene Fragmente*) a sigla usual dos fragmentos póstumos, a referência eKGWB/NF-1881,12[142] indica o fragmento 142 do grupo 12 do ano de 1881. Sendo BVN (*Briefe von Nietzsche*) a sigla adotada para as cartas de Nietzsche, a referência eKGWB/BVN-1876,565 indica a carta número 565 do ano de 1876. Tais siglas, precedidas por www.nietzschesource.org, tornam-se endereços na internet que permitem consultar diretamente os textos correspondentes. Assim, os endereços na internet dos exemplos mencionados acima são os seguintes:

www.nietzschesource.org/eKGWB/GT-1
www.nietzschesource.org/eKGWB/NF-1881,12[142]
www.nietzschesource.org/eKGWB/BVN-1876,565

---

* Todos os excertos e citações da edição brasileira foram traduzidos do original francês.

Para os manuscritos e os impressos originais de Nietzsche, utilizo, como Colli e Montinari, as siglas criadas por Hans Joachim Mette.*
Os fac-símiles desses documentos estão sendo publicados em:
Friedrich Nietzsche, *Digitale Faksimile Gesamtausgabe*, sob a direção de Paolo D'Iorio, Paris, Nietzsche Source, 2009 seg., www.nietzschesource.org/DFGA (abreviado como DFGA, seguido pela sigla do documento e pelo número de página, por exemplo DFGA/N-II-6,1).
Também nesse caso, as siglas precedidas pelo endereço www.nietzschesource.org tornam-se endereços de internet que permitem consultar diretamente os fac-símiles correspondentes. Por exemplo:
www.nietzschesource.org/DFGA/N-II-6,1

Para as obras contidas na biblioteca pessoal de Nietzsche, utilizo o catálogo redigido por:
Giuliano Campioni, Paolo D'Iorio, Cristina Fornari, Francesco Fronterotta, Andrea Orsucci, com Renate Müller-Buck, *Nietzsches persönliche Bibliothek*, Berlim/Nova York, de Gruyter, 2003, 763 páginas.

Para as obras, os fragmentos póstumos e a correspondência de Nietzsche, utilizo, além de traduções de minha responsabilidade, as seguintes edições francesas:

Oeuvres philosophiques complètes, sob a direção de Maurice de Gandillac e Gilles Deleuze, trad. Anne Sophie Astrup, Michel Haar, Jean-Claude Hémery, Julien Hervier, Pierre Klossowski, Jean Lacoste, Mark B. de Launay, Jean Launay, Robert Rovini, Paris, Gallimard, 1968 seg.

Correspondance, Paris, Gallimard, sob a direção de Maurice de Gandillac e Gilles Deleuze, trad. Anne Sophia Astrup, Michel Haar, Jean-Claude Hémery, Julien Hervier, Pierre Klossowski, Jean Lacoste, Mark B. de Launay, Jean Launay, Robert Rovini, 1986 seg.

Oeuvres, edição dirigida por Jean Lacoste e Jacques Le Rider, trad. Henri Albert, Paris, Laffont, "Bouquins", 1993.

Ainsi parlait Zarathoustra, traduzido, apresentado e comentado por Georges-Arthur Goldschmidt, Paris, Le livre de poche, 1983.

---

*Hans Joachim Mette, "Sachlicher Vorbericht zur Gesamtausgabe der Werke Friedrich Nietzsches", in F. Nietzsche, *Werke und Briefe. Historische-kritische Gesamtausgabe*, Munique, Beck, 1933, p.XXXI-CXXII.

Obras utilizadas

Andler, Charles. *Nietzsche. Sa vie et sa pensée*, 3 vols. Paris, Gallimard, 1958.
Associazione di studi storici sorrentini. *Sorrento e la sua storia*. Sorrento, Di Mauro, 1991.
Barbera, Sandro. *La comunicazione perfetta. Wagner tra Feuerbach e Schopenhauer*. Pisa, Jacques e i suoi quaderni, 1984.
Barbera, Sandro. *Guarigioni, rinascite e metamorfosi. Studi su Goethe, Schopenhauer e Nietzsche*, org. Stefano Busellato. Florença, Le lettere, 2010.
Bernouilli, Carl Albrecht. *Franz Overbeck und Friedrich Nietzsche*, 3 vols. *Eine Freundschaft*. Jena, Diederichts, 1908.
Bloch, Peter André. "'Aus meinem Leben'. Der selbstporträtcharakter von Nietzsches frühen Lebensberschreibungen: Selbstdialog als Selbstbefragung", *Nietzscheforschung*, 1995, 2, p.61-94.
Bollinger, Andrea e Franziska Trenkle (org.). *Nietzsche in Basel*. Basileia, Schwabe, 2000.
Boltzmann, Ludwig. *Vorlesungen über Gastheorie*, 2 vols. Leipzig, Barth, 1896-98.
Brenner, Alfred (sob o pseudônimo de Albert Nilson). "Das flammende Herz". *Deutsche Rundschau*, 3/10 (1877), p.1-11.
Buddensieg, Tilmann. *Nietzsches Italien. Städte, Gärten und Paläste*. Berlim, Wagenbach, 2002.
Byron, George Gordon. *Sämmtliche Werke*, trad. Adolf Böttger, 8 vols. Leipzig, Wigand, 1864.
Campioni, Giuliano. "'Der Höhere Mensch' nach dem 'Tod Gottes'", *Nietzschen-Studien*, 28, 1999, p.336-55.
Campioni, Giuliano. *Les lectures françaises de Nietzsche*. Paris, PUF, 2001.
Campioni, Giuliano. "'Kundry che ride'. Nietzsche contra l''idealista' Malwida von Meysenbug", in Francesco Cattaneo e Stefano Marino (org.), *Da quando siamo um colloquio. Percorsi ermeneutici nell'eredità nietzscheana*. Roma, Aracne, 2001, p.37-57.
Cuomo, Nino. "Scoperta la villa di Nietzsche", in *Match-Point*, IV/3 (1990.).
D'Annunzio, Gabriele. *Il fuoco*. Milão, Treves, 1900.
D'Iorio, Paolo. *La linea e il circolo. Cosmologia e filosofia dell'eterno ritorno in Nietzsche*. Gênova, Pantograf, 1995.
D'Iorio, Paolo. "Nietzsche et l'éternel retour. Genèse et interprétation", in Marc Crépon (org.), *Nietzsche*, Col. Cahiers de l'Herne. Paris, l'Herne, 2000, p.361-89.

D'Iorio, Paolo. "Aucune des choses humaines n'est digne du grand sérieux. Notes sur la genèse de l'aphorisme 628 de *Choses humaines, trop humaines* de Friedrich Nietzsche". *Oeuvres et critique*, ano XXV, n.1, 2000, p.107-23.

D'Iorio, Paolo. "Les pensées papillons", in *Genesis*, "Philosophie", textos reunidos e apresentados por Paolo D'Iorio e Olivier Ponton, 22, 2003, p.7-11.

D'Iorio, Paolo. "Les cloches du nihilisme et l'éternel retour du même", in Jean-François Mattéi (org.), *Nietzsche et le temps des nihilismes*. Paris, PUF, 2005, p.191-208.

D'Iorio, Paolo e Olivier Ponton (org.). *Nietzsche. Philosophie de l'esprit libre. Études sur la genèse de* Choses Humaines, trop Humaines. Paris, Éditions Rue d'Ulm, 2004.

Deleuze, Gilles (org.). *Nietzsche. Cahiers de Royaumont*. Paris, Les éditions de Minuit, 1967.

Deussen, Paul. *Souvenir sur Friedrich Nietzsche*. Paris, Le promeneur, 2001.

Du Moulin Eckart, Richard. *Cosima Wagner. Ein Lebens-und-Charakterbild*, 2 vols. Munique/Berlim, Drei Masken Verlag, 1929.

Eco, Umberto. *Le poetiche di Joyce*. Milão, Bompiani, 2002.

Emerson, Ralph Waldo. *Versuche*, trad. G. Fabricius. Hannover, Carl Meyer, 1858, VI.

Emerson, Ralph Waldo. *Die Führung des Lebens. Gedanken und Studien*, trad. G.S. Mühlberg. Leipzig, Steinacker, 1862.

Farrel Krell, David e Donald L. Bates. *The Good European. Nietzsche's Work Sites in Word and Image*. Chicago/Londres, University of Chicago Press, 1997.

Fascetti, Giovanni R. *I cammelli di San Rossore*. Pisa, Giardini, 1991.

Fiorentino, Alessandro. *Memorie di Sorrento. Metamorfosi di um incantesimo 1858-1948*. Nápoles, Electa, 1991.

Fornari, Maria Cristina. *La morale evolutiva del gregge. Nietzsche legge Spencer e Mill*. Pisa, ETS, 2006, 360 p., trad. alem. *Die Entwicklung der Herdenmoral. Nietzsche liest Spencer und Mill*, Wiesbaden, Harrassowitz, 2009.

Fuchs, Karl Wilhelm C. *Vulkane und Erdbeben*. Leipzig, Brockhaus, 1875, XII.

Gilman, Sander L. (org.). *Begegnungen mit Nietzsche*. Bonn, Bouvier, 1981, XIX.

Goncourt, Edmond e Jules Huot de Goncourt. *Journal des Goncourt. Mémoires de la vie littéraire. Deuxième volume, 1862-1865*. Paris, Charpentier, 1887.

Gramsci, Antonio. *Lettere dal carcere*, org. Paolo Spriano. Turim, Einaudi, 1947.
Gregor-Dellin, Martin. *Richard Wagner: sein Leben, sein Werk, sein Jahhundert*. Munique, Piper Taschenbuch, 1991.
Gregorovius, Ferdinand. *Figuren, Geschichte, Leben und Scenerie aus Italien*. Leipzig, Brockaus, 1874.
Hartmann, Eduard von. *Philosophie des Unbewussten. Versuch einer Weltanschauung*, 2 vols. Berlim, Carl Duncker, 1869, IV, 678.
Heine, Henrich. *Sämmtliche Werke*, 21 vols. Hamburgo, Hoffmann und Campe, 1861 seg.
Heller, Peter. *Von den ersten und letzten Dingen. Studien und Kommentar zu einer Aphorismenreihe von Friedrich Nietzsche*. Berlim, de Gruyter, 1972, XLII.
Hesíodo. *Hesiodea quae feruntur carmina. Ad codicum manuscriptorum et antiquorum testium fidem recensuit criticorum conjecturas adjecit Arminius Koechly*. Leipzig, Teubneri, 1870, XLVIII.
His, Eduard e Hans Gutzwiller. *Friedrich Nietzsches Heimatlosigkeit. Friedrich Nietzsches Lehrtätigkreit am Basler Pädagogium 1869-1876*. Basileia, Schwabe, 2002.
Hoffmann, David Marc (org.). *Nietzsche und die Schweiz*. Zurique, Offizin/Strauhof, 1994.
Iezzi, Benito. *Viaggiatori stranieri a Sorrento*. Sorrento, Di Mauro, 1898.
Janz, Curt Paul. *Friedrich Nietzsche Biographie*, 3 vols. Munique, Hanser, 1978-79.
Joyce, James. *A portrait of the Artist as a Young Man*. Nova York, Huebsch, 1916.
Joyce, James. *Stephen Hero*. Nova York, New Direction, 1944.
Joyce, James. *The James Joyce Archive*, vol.IV: *A Portrait of the Artist as a Young Man*, A facsimile of Epiphanies, *Notes, Manuscripts & Typescripts*, Prefácio e org. Hans Walter Gabler. Nova York, Garland Publishing, 1978.
Joyce, James. *Ulysses: the corrected text*, organizado por Hans Walter com Wolfhard Steppe e Claus Melchior, Nova York, Random House, 1986.
Le Rider, Jacques. *Malwida von Meysenbug (1816-1903). Une Européenne du XIXe siècle*. Paris, Bartillat, 2005.
Leopardi, Giacomo. *Operette morali. Seguite da una scelta dei "Pensieri"*. Introdução e notas de Mario Fubini. Turim, Loescher, 1993.
Maiuri, Amnedeo. *Capri. Histoire et monuments*. Roma, Istituto poligrafico e zecca dello Stato, 1981.

Melchiori, Giorgio. *Joyce: il mestiere dello scrittore*. Turim, Einaudi, 1994.
Meysenbug, Malwida von. *Memoiren einer Idealistin*, 3 vols. Stuttgart, Auerbach, 1876.
Meysenbug, Malwida von. *Phädra, ein Roman, von der Verfasserin der "Memoiren einer Idealistin"*, 3 vols. Leipzig, Reissner, 1885.
Meysenbug, Malwida von. *Der Lebensabend einer Idealistin. Nachtrag zu den "Memorien einer Idealistin"*. Berlim/Leipzig, Schuster & Loeffler, 1899, 475 páginas.
Meysenbug, Malwida von. *Individualitäten*, Berlim/Leipzig, Schuster & Loeffler, 1901.
Meysenbug, Malwida von. *Stimmungsbilder*. Berlim/Leipzig, Schuster & Loeffler, 1905.
Meysenbug, Malwida von. *Briefe von und an Malwida von Meysenbug, herausgegeben von Berta Schyleicher*. Berlim, Schuster & Loeffler, 1920.
Meysenbug, Malwida von e Berta Schleicher. *Im Anfang war die Liebe. Briefe an ihre Pflegetochter*, org. Berta Schleicher. Munique, Beck, 1927.
Mengaldo, Elisabetta. "Strategie di reticenza e demistificazione: il trattino di sospensione negli aforismi di Friedrich Nietzsche", *Studi germanici*, 1-2, 2005, p.25-48.
Montaigne, Michel de. *Versuche*, 3 vols., nebst des Verfassers Leben, nache der neuesten Ausgabe des Herrn Peter Coste ins Deutsche übersetzt. Leipzig, F. Lankischens Erben, 1753.
Montinari, Mazzino. *Nietzsche lesen*. Berlim/Nova York, de Gruyter, 1980.
Montinari, Mazzino. *Su Nietzsche*. Roma, Editori Riuniti, 1981.
Montinari, Mazzino. "Nietzsche contra Wagner: été 1878", in Marc Crépon (org.), *Nietzsche*, Col. Cahiers de l'Herne. Paris, l'Herne, 2000, p.237-44.
Montinari, Mazzino. *Nietzsche*, traduzido do italiano por P. D'Iorio e N. Ferrand. Paris, PUF, 2001.
Moretti, Franco. *Opere mondo. Saggio sulla forma epica dal Faust a Cent'anni di solitudine*. Turim, Einaudi, 1994.
Müller-Buck, Renate. "'Immer wieder kommt einer zur Gemeine hinzu'. Nietzsches junger Basler Freund und Schüller Albert Brenner", in T. Borsche, F. Gerratana, A. Venturelli, *'Centauren-Geburten'. Wissenshaft, Kunst und Philosophie beim jungen Nietzsche*. Berlim/Nova York, de Gruyter, 1994, p.418-32.
Nietzsche, Friedrich. *Chronik in Bildern und Texten*, im Auftrag der Stiftung Weimarer Klassik zusammengestellt von Raymond J. Benders

und Stephan Oettermann unter Mitarbeit von Hauke Reich und Sibylle Spiegel. Munique, DTV, 2000.

Pater, Walter Horatio. *The Renaissance, studies in art and poetry*. Londres, Macmillan, 1877.

Pfeiffer, Ernst (org.). *Friedrich Nietzsche, Paul Rée, Lou von Salomé: die Dokumente ihrer Begegnung*. Frankfurt am Main, Insel-Verlag, 1970, 523 páginas.

Platão. *Dialogi Secundum Thrasylli tetralogias dispositi*. Ex recognitione Caroli Friderici Hermanni, vol.V. Leipzig, Teubneri, 1862, XXVIII.

Ponton, Olivier. *Nietzsche. Philosophie de la légèreté*. Berlim/Nova York, de Gruyter, 2007.

Rée, Paul. *Der Ursprung der moralischen Empfindungen*. Chemnitz, Schmeitzner, 1877, VIII, 142 páginas.

Rée, Paul. *Gesammelte Werke, 1875-1885*, org. introd. e notas Hubert Treiber. Berlim/Nova York, de Gruyter, 2004, XIII.

Reich, Hauke. *Nietzsche-Zeitgenossenlexikon. Verwandte und Vorfahren, Freunde und Feinde, Verehrer und Kritiker von Friedrich Nietzsche*. Basileia, Schwabe, 2004.

Schaefer, A.T. (org.). *Nietzsche. Süden*, herausgegeben vom Stiftungstrat Nietzsche-Haus in Sils-Maria. Innsbruck, Hyaymon, 2000.

Schlechta, Karl. *Nietzsche grosser Mittag*. Frankfurt, Klostermann, 1954.

Schleicher, Berta. *Malwida von Meysenbug. Ein Lebensbild zum hundertsten Geburtstag der Idealistin*. Berlim, Schuster & Loeffler, 1917.

Schopenhauer, Arthur. *Sämtliche Werke*, 7 vols. org. Julius Frauenstädt. Leipzig, Brockhaus, 1874.

Schopenhauer, Arthur. *Aphorismes sur la sagesse dans la vie*, trad. fr. por J.-A. Cantacuzène. Paris, Alcan, 1887.

Schopenhauer, Arthur. *Le monde comme volonté et comme représentation*, 3 vols., trad. fr. por A. Burdeau. Paris, Alcan, 1912 seg.

Senn, Fritz. *Joyce's Dislocutions: Essays On Reading As Translation*. Baltimore e Londres, Johns Hopkins University Press, 1984.

Seydlitz, Reinhart von. "Friedrich Nietzsche: Briefe und Gespräche", *Neue deutsche Rundschau*, 10 (1899), p.617-28.

Stummann-Bowert, Ruth (org.). *Malwida von Meysenbug, Paul Rée. Briefe an einen Freund*. Würzburg, Königshausen & Neumann, 1998.

Treiber, Hubert. "Nietzsches 'Kloster für freiere Geister'. Nietzsche und Weber als Erzieher. Mit Anmerkungen zum 'Übermenschenkult' innerhalb der Bohème der Jahrundertwende", in P. Antes, D. Pahnke (org.), *Die Religion von Oberschichten*. Marburg, Diagonal, 1989, p.117-61.

Treiber, Hubert. "Wahlverwandstschaften zwischen Nietzsches Idee eines 'Klosters für freiere Geister' und Weber Idealtypus der puritanischen Sekte. Mit einem Streifzug durch Nietzsches 'ideale Bibliothek'", *Nietzsche-Studien*, 21 (1992), p.326-362.

Treiber, Hubert. "Zur 'Lokig des Traums' bei Nietzsche. Anmerkungen zu den Traumaphorismen aus MA", *Nietzsche-Studien*, 23 (1994), p.1-41.

Treiber, Hubert. "Beiträge zur Quellenforschung", *Nietzsche-Studien*, 27 (1998), p.562.

Vivarelli, Vivetta. *L'immagine rovesciata: le letture di Nietzsche*. Gênova, Marietti, 1992.

Vivarelli, Vivetta. *Nietzsche und die Masken des freien Geistes. Montaigne, Pascal und Sterne*. Würzburg, Königshausen & Neumann, 1998.

Wagner, Cosima. *Tagebücher*, org. e coment. Martin Gregor-Dellin und Dietrich Mack. Munique, Piper, 1976-1977.

Wagner, Richard. *Mein Leben*, erste authentische Veröffentlichung, vorgelegt und mit einem Nachwort von Martin Gregor-Dellin. Munique, List, 1963.

Wagner, Richard. *Sämtliche Schriften und Dichtungen*, 12 vols. Leipzig, Breitkopf & Härtel, 1911.

Zavatta, Benedetta. *La sfida del carattere. Nietzsche lettore di Emerson*. Roma, Editori Riuniti, 2006.

Lista das figuras

FIGURA 1: Paul Rée. Fotógrafo: Raffello Ferretti, Nápoles, 1876-77, GSA, 101/385.

FIGURA 2: Isabelle von der Pahlen em 1876-77, Goethe- und Schiller-Archiv, 101/365.

FIGURA 3: Anotações feitas por Nietzsche em sua caderneta do espírito livre, na data de sua viagem de trem para Gênova, caderneta N II 1, p.203, GSA 71/173.

FIGURA 4: "'Wie ertrug ich nur bisher zu leben!'", caderneta N V 7, p.120, GSA 71/197.

FIGURA 5: Primeira carta enviada por Nietzsche à irmã, de Sorrento, 28 de outubro de 1876, GSA 71/BW-271,9.

FIGURA 6: Dedicatória de Wagner a Nietzsche no exemplar de *Parsifal*, Herzogin Anna Amalia Bibliothek, código C 522, p.3.

FIGURA 7: Friedrich Nietzsche em 1873, GSA 101/15.

FIGURA 8: "Leichenzug in Carneval", Nietzsche, caderneta N II 3, p.47, GSA 71/175.

FIGURA 9: Reinhart von Seydlitz por volta de 1875, GSA 101/437.

FIGURA 10: Dedicatória de Rée a Nietzsche: "Dem Vater dieser Schrift dankbarst dessen Mutter", Herzogin Anna Amalia Bibliothek, cota C 309.

FIGURA 11: Nietzsche, caderneta N II 3, p.36, GSA 71/175.

FIGURA 12: Nietzsche, caderneta N II 3, p.15, GSA 71/175.

FIGURA 13: Camilla e Federico, Nietzsche a von Seydlitz, GSA 71/BW211.

FIGURA 14: Nietzsche, caderneta N II 2, p.4, GSA 71/174.

FIGURA 15: Exemplar de *A República*, de Platão, que pertenceu a Nietzsche, Herzogin Anna Amalia Bibliothek, cota C 63-b, p.298.

FIGURA 16: Manuscrito de *Coisas humanas, demasiadamente humanas* (D 10) para o impressor, página de título e último aforismo, GSA 71/14,1 e 71/14,9.

FIGURA 17: Prova do último aforismo de *Coisas humanas, demasiadamente humanas*, Herzogin Anna Amalia Bibliothek, cota C 4601.

FSC
www.fsc.org
MISTO
Papel produzido
a partir de
fontes responsáveis
FSC® C019498

A marca FSC é a garantia de que a madeira utilizada na fabricação do papel deste livro provém de florestas de origem controlada e que foram gerenciadas de maneira ambientalmente correta, socialmente justa e economicamente viável.

Este livro foi composto por Mari Taboada em Dante Pro 11,5/16 e impresso em papel offwhite 80g/m² e cartão triplex 250g/m² por Geográfica Editora em maio de 2014.